INTERROGANTES EN TORNO A LA FE

Ediciones Palabra, S.A.
Madrid

1ª edición, abril 1994.
2ª edición, enero 1995.
3ª edición, octubre 1998.
4ª edición, julio 2002.
5ª edición, julio 2006.

Colección: Hacer Familia
Director de la colección: Jesús Urteaga
Coordinador de la colección: Fernando Corominas

Paseo de la Castellana, 210 - 28046 MADRID (España)

Diseño de portada: Francisco J. Pérez León
Fotografía de portada: Archivo Hacer Familia
ISBN-13: 978-84-8239-659-0
ISBN-10: 84-8239-659-5
Depósito Legal: M. 24.196-2006
Impresión: Gráficas Anzos, S. L.
Printed in Spain - Impreso en España

Alfonso Aguiló

INTERROGANTES EN TORNO A LA FE

Quinta edición
Revisada y aumentada

HACER FAMILIA
educar en valores

Introducción

Basta a menudo
cambiar de modo de vivir
para creer en la verdad
que se negaba.

Hugo de Lamennais

Al ver a tantos chicos y chicas perder la fe en el mismo despertar de la adolescencia, muchos padres se preguntan qué pueden hacer ellos para que sus hijos no se vean arrastrados inadvertidamente en idéntica dirección.

Otras veces son los propios hijos quienes observan con inquietud ese fenómeno a su alrededor, y ven que su fe no es firme, y que quizá en su cabeza rondan aún bastantes preguntas en torno a la fe que están sin suficiente respuesta.

Quizá hubo épocas en que las manifestaciones de la vida individual y social estaban habitualmente impregnadas de pensar religioso, y la fe estaba mucho más presente, y era tratada con deferencia. Pero hoy –y no pretendo con esto hacer ninguna descalificación del mundo presente–, esto no suele ser así. Es frecuente, más bien, que un chico o una chica, desde la más temprana edad, vea desplazados y puestos en duda los valores y verdades que le proponen en la familia o en las clases de religión. Este contraste se presenta en las situaciones más diversas: al hablar con un amigo o una amiga, o un compañero de clase; con motivo de un programa de televisión, o una película; al leer una noticia en la prensa, o un libro, o en internet. Los hijos suelen echar en falta entonces, con frecuencia, no haber recibido un sentido más auténtico de la fe. Y los padres, por su parte, no haber encontrado un modo mejor de hacérselo descubrir.

Transmitir con acierto ese verdadero y hondo sentido de la fe es un reto enormemente actual para los padres: adelantarse en esos puntos más delicados, en los que, sin una intervención adecuada y a tiempo, su fe puede quedar expuesta a una fácil manipulación.

De acuerdo, pero ¿cómo?

El primer medio con que cuentan los padres –y sin duda el más eficaz– es el ejemplo: participar personalmente de aquello que se quiere transmitir, vivir un cristianismo consecuente que venga a ser como un testimonio que hable también en el silencio, que muestre realizados en la propia vida todos esos valores, creencias y preceptos morales.

Y después, para que esa ejemplaridad de los padres no quede baldía, deben proponerse un triple objetivo con sus hijos: iluminar su razón, fortalecer su voluntad y educar sus sentimientos. La falta de claridad de ideas, la falta de hábitos de virtud, y la falta de afecto por el verdadero bien, son como una triple raíz fuertemente entrelazada, que aparece siempre en el análisis de las causas de la pérdida de la fe en la adolescencia.

La fe, igual que la virtud, no es cuestión de enseñanza solamente. Muchas veces el problema no es de desconocimiento de lo que hay que hacer, sino de falta de empeño por hacerlo. El fortalecimiento de la voluntad, potenciado por la tan necesaria educación de los sentimientos, ha de discurrir paralela a la educación de la razón. Las virtudes se logran a costa del propio esfuerzo, es verdad, pero ese esfuerzo debe ir acompañado de una profunda convicción intelectual.

Las causas por las que la fe puede perderse son muchas y muy diversas. Este libro busca analizar una que, con frecuencia, resulta decisiva: la crisis que puede producirse en una persona cuando no sabe dar una respuesta convincente a las objeciones relativas a la fe que, día tras día, se presentan a su alrededor.

Y como resulta muy difícil explicar a otros lo que aún no se ha logrado explicar bien a sí mismo, este libro pretende facilitar unas explicaciones sencillas e intuitivas, pero bien fundamentadas, sobre las principales cuestiones que hoy se debaten en torno a la fe.

Menos forenses y más medicina preventiva

No es este un libro en el que se analicen las causas por las que los chicos y chicas jóvenes pierden la fe. Este libro quisiera llegar antes. Entre otras cosas, porque también en esto hacen falta menos forenses y más medicina preventiva.

¿Cuándo y cómo? Pienso que primero es preciso ir madurando personalmente las ideas, haciéndose preguntas que nos lleven a una comprensión más profunda de la propia fe. Después, las ocasiones en que hablar con los hijos sobre estos temas se presentan abundantes en la vida diaria, y se pueden aprovechar, sin caer en una tediosa y continua reiteración.

Se trata de utilizar, con naturalidad, esas ocasiones que surgen en la familia ante una noticia en la televisión o la prensa; o con motivo del fallecimiento de un familiar, o una desgracia próxima o lejana; aprovechando esas frecuentes preguntas que, si hay confianza, deben surgir con fluidez; sabiendo hacer una sencilla reflexión, en el momento oportuno, sobre el sentido de la vida y sobre las cuestiones primeras, de las que dependen todas las demás.

Es preciso integrar la fe en la vida normal. Y es preciso también hacer un esfuerzo para hacerla inteligible a los hijos. Porque es frecuente que muchas de sus dudas se deban, simplemente, a que hasta ahora nadie les ha hablado de ellas en términos comprensibles.

Por eso este libro no tiene pretensiones de erudición. No es un texto de teología, ni pretende ser tampoco un tratado de rigurosidad escolástica. No busca acumular argumentos o razones filosóficas, sino más bien dar unas respuestas breves y sencillas, sin otro mérito, quizá, que el de haber sido contrastadas en conversaciones con personas muy diversas.

Se presenta en forma de diálogo con un interlocutor preocupado por su propia fe, o por la de sus hijos, o por la de un pariente, o un amigo. Como un rato de conversación con alguien que no tiene fe. O que quizá la tiene, pero a veces siente que flaquea. O ve cómo flaquea en otros, y no encuentra respuesta adecuada a sus preguntas.

Quizá un lector experto en estas cuestiones pueda pensar que muchas de las ideas que se desarrollan podrían ser completadas, o que cabrían más argumentos, o más profundos. Pero quizá no repararía en que, si así se hiciera, en muchos casos sería a costa de perder el frescor de lo espontáneo, de lo que entiende el hombre normal de la calle.

Tampoco es este libro un conjunto de recetas de folletín para problemas serios. El tema es suficientemente difícil como para procurar guardarse de reduccionismos o simplezas. Es un libro que quiere llevar a pensar y a hacer pensar. Un libro para leer quizá despacio, más que de un tirón. Para darlo a leer, y servir de punto de arranque a nuevas reflexiones y comentarios, también en el seno de la familia. Un libro que, además, quiere modificar la vida del lector. Hay quien dice que, en definitiva, en todos los libros se pretende eso, de forma más o menos velada; y yo, por lo menos, no he querido ocultarlo.

Preguntarse por Dios es razonable

Para Lutero y Calvino, Dios da la fe a los que salva y la niega a los que condena, sin cooperación libre de su parte. Para los fideístas, el hombre debe creer sin pruebas, solo porque la tradición asegura que Dios así lo ha dicho. Sin embargo, la dignidad humana exige que la fe sea, en cierto modo, suficientemente oscura como para que la adhesión del espíritu sea libre y, al tiempo, bastante clara como para que dicha adhesión sea razonable. Hay suficiente luz para que vean los que desean ver, y suficiente oscuridad para los que tienen una disposición contraria. En ese claroscuro –que está en la naturaleza misma de las cosas– es donde intentaremos adentrarnos.

Por eso, una conversación sobre la fe no será, jamás, como hablar de una ciencia de carácter matemático. Tampoco pretende conquistar a nadie con las armas de la simple dialéctica. Una conversación sobre la fe ha de ser como un intercambio de impresiones con el que se pretende avanzar en el camino de la búsqueda de la verdad. Y el hecho de que estés ahora hojeando estas páginas en una librería considerando si comprar el libro o no, o en casa de un amigo dudando si pedírselo prestado, o quizá sentado tranquilamente en casa, preparado ya para una buena lectura, demuestra que te das cuenta de la necesidad que todos tenemos de reflexionar sobre Dios a la hora de escoger un sentido para nuestras vidas.

Aunque he procurado señalar en cada caso las citas de los autores correspondientes, quiero dejar constancia explícita de las deudas que tengo con toda una serie de personas cuyos datos indico en la bibliografía recomendada al final de cada una de las tres partes del libro.

PARTE PRIMERA "A"

Dios no habla,
pero todo habla de Dios.

Julien Green

¿CREER EN DIOS?

Quien busca la verdad
busca a Dios,
aunque no lo sepa.

Edith Stein

¿Existe realmente Dios?

Una constante en la historia de los pueblos

El pensamiento de Dios ronda la mente del hombre desde tiempo inmemorial. Aparece con terca insistencia en todos los lugares y todos los tiempos, hasta en las civilizaciones más arcaicas y aisladas de las que se ha tenido conocimiento. No hay ningún pueblo ni período de la humanidad sin religión. Es algo que ha acompañado al hombre desde siempre, como la sombra sigue al cuerpo.

La existencia de Dios se presenta como la más grande de las cuestiones humanas. Y no por su complejidad –apunta J. R. Ayllón–, sino por presentarse ante el hombre con un carácter radicalmente comprometedor.

Dios no parece ser un simple producto del pensamiento humano, ni un inofensivo problema intelectual.

—Pero hay mucha gente a la que no le importa nada qué hayan hecho todos los pueblos a lo largo de la historia. Dicen que ellos no tienen por qué hacer lo mismo que hacían otros en el pasado.

No me refería a hacer lo mismo que hicieron nuestros antepasados. Toda persona hace muy bien en querer ser distinta a quienes le han precedido. Me refería a que nunca está de más echar una mirada a la historia, aunque solo sea porque puede dar una cierta perspectiva que siempre arroja una luz sobre la propia vida. Hacer tabla rasa del pasado nunca ha sido propio de mentes esclarecidas.

Aristóteles decía que si la religión es una constante en la historia de los pueblos, ha de ser porque pertenece a la misma esencia del hombre.

Por fuerte que haya sido a veces la hostilidad o el influjo secularizante de su entorno, jamás el hombre ha quedado totalmente indiferente ante el problema religioso. Dondequiera que hayan sido suprimidas las instituciones religiosas, dondequiera que se haya convertido a los creyentes en ciudadanos de segunda, las ideas y los hechos de la religión han vuelto a brotar una y otra vez. La pregunta sobre el sentido y el origen de la vida, sobre el enigma del mal y de la muerte, sobre el más allá, son interrogantes que jamás se han podido evitar. Dios está en el origen mismo de la pregunta existencial del hombre.

¿Puede deberse todo al azar?

—¿Y no cabe pensar que todo el universo es, simplemente, obra del azar?

Desde tiempo inmemorial, el hombre se ha preguntado con asombro cuál sería la explicación de toda esa armonía que hay en la configuración y las leyes del universo.

Cuando observa la complejidad y perfección de los procesos bioquímicos en el interior de una célula diminuta, o la de los más gigantescos fenómenos de movimiento y transformación de las galaxias; cuando se asoma al mundo microfísico y propone unas leyes que intentan explicar fenómenos que suceden a escalas de hasta una billonésima de milímetro; o cuando profundiza en la estructura a gran escala del universo hasta límites de más de un billón de billones de kilómetros; contemplando este grandioso espectáculo, cada día con más profundidad gracias a los avances de la ciencia, resulta cada vez más difícil sostener que todo obedece a una evolución misteriosa, gobernada por el azar, sin ninguna inteligencia detrás.

Allí donde existe un plan, ha de haber alguien que planifica. Y detrás de una obra de tal calidad y de tales proporciones, ha de haber un creador, cuya sabiduría trascienda toda medida y cuya potencia sea infinita.

Pensar que toda la armonía del universo y todas las complejas leyes de la naturaleza son fruto del azar, sería como pensar que las andanzas de Don

Quijote de la Mancha que escribió Cervantes pudieron aparecer íntegras sacando letras al azar de una gigantesca marmita con una sopa de letras.

Recurrir a una gigantesca casualidad para explicar las maravillas de la naturaleza es algo francamente audaz.

—¿Y no cabe también, como dicen algunos, que el mundo haya existido desde siempre?

Cuando vemos un libro, un cuadro, o una casa, inmediatamente pensamos que detrás de esas obras habrá, respectivamente, un escritor, un pintor, un arquitecto.

Y de la misma manera que a nadie se le ocurre pensar que el Quijote surgió de una inmensa masa de letras que cayó al azar sobre unos pliegos de papel y quedó ordenada precisamente de esa forma tan ingeniosa, tampoco nadie sensato diría que aquel edificio «está ahí desde siempre», ni que ese cuadro «se ha pintado solo», o cosas por el estilo. No podemos sostener seriamente que el mundo «se ha hecho solo», o «se ha creado a sí mismo»: son incongruencias que caen por su propio peso.

¿Ha de haber una «causa primera»?

«"No conozco ningún alfarero –dijo la olla–. Nací por mí misma y soy eterna".

»Pobre loca. Se le ha subido el barro a la cabeza».

Así reflejaba Franz Binhack en su obra *Topfer und Topf*, con un cierto toque de humor, lo ridículo que resulta esa actitud de cerrar los ojos ante la inevitable pregunta sobre el primer origen del ser.

Si de un grifo sale agua, es porque hay una tubería que transporta esa agua. Y esa tubería la recibirá de otra, y esa a su vez de otra. Pero en algún momento se acabarán las tuberías y llegaremos al depósito. Nadie afirmaría que hay siempre agua en el grifo simplemente porque la tubería tiene una longitud infinita.

«De la nada –explica Leo J. Trese– no podemos obtener algo. Si no tenemos bellotas, no podemos plantar un roble. Sin padres, no hay hijos. Así, pues, si no existiera un Ser que fuera eterno (es decir, un Ser que nunca haya empezado a existir), y omnipotente (y capaz por tanto de hacer algo de la nada), no existiría el mundo, con toda su variedad de seres, y no existiríamos nosotros.

»Un roble procede de una bellota, pero las bellotas crecen en los robles. ¿Quién hizo la primera bellota o el primer roble?

»Los hijos tienen padres, y esos padres son hijos de otros padres, y estos de otros. Ahora bien, ¿quién creó a los primeros padres...?

»Algunos evolucionistas dirían que todo empezó a partir de una informe masa de átomos. Bien, pero... ¿quién creó esos átomos?, ¿de dónde procedían?».

¿Quién guió la evolución de esos átomos, según leyes que podemos descubrir, y que evitaron un desarrollo caótico? Alguien tuvo que hacerlo. Alguien que, desde toda la eternidad, haya gozado de una existencia independiente.

Todos los seres de este mundo, hubo un tiempo en que no existieron. Cada uno de ellos deberá siempre su existencia a otro ser. Todos, tanto los vivos como los inertes, son eslabones de una larga cadena de causas y efectos. Pero esa cadena ha de llegar hasta una primera causa. Pretender que un número infinito de causas pudiera dispensarnos de encontrar una causa primera, sería lo mismo que afirmar que un pincel puede pintar por sí solo con tal de que tuviera un mango infinitamente largo.

—Hay quien dice que les basta con saber que los seres *simplemente* existen. Que no les importa de dónde provienen y que, por tanto, no necesitan pensar más en ello.

Entonces estaríamos cerca de decir que no se debe pensar. Porque renunciar a tan importante parcela del pensamiento supone en cierta manera abandonar la realidad.

Si vemos una chaqueta colgada de una pared (el ejemplo es de Sheed), pero no vemos que está sostenida por una percha, y eso nos lleva a pensar que las chaquetas desafían a las leyes de la gravedad y cuelgan de las paredes por su propio poder, entonces no viviríamos en el mundo real, sino en un mundo irreal que nosotros mismos nos hemos forjado. De manera semejante, si vemos que las cosas existen y no vemos con claridad cuál es la causa de que existan, y eso nos llevara a negar o a ignorar esa causa, estaríamos saliéndonos del mundo real.

Un pequeño «dribling» dialéctico

—Pero algunos filósofos han asegurado que la dualidad causa-efecto no es más que un juego de reciprocidad dialéctica ajeno a la na-

turaleza, donde los fenómenos se repiten de manera incesante sin que esa relación de causa a efecto exista más que en nuestro entendimiento...

No parece que la noción de *causa* sea una simple elucubración humana. Es algo que comprobamos cada día, y que la ciencia no cesa de invocar. «Si veo unos niños –apunta André Frossard–, la experiencia me dice que no se han hecho solos. Podrá surgir quizá un filósofo afirmando que no puedo demostrarlo, pero también él se vería en apuros para demostrar que yo estoy equivocado si aseguro que han surgido de unas coles».

Rechazar de esa manera la relación causa-efecto parece un atentado contra la sensatez. De hecho, los que así piensan, luego, en la vida normal, no son consecuentes con esa teoría. Saben, por ejemplo, que si meten los dedos en un enchufe, recibirán la correspondiente descarga, y por eso procuran no hacerlo. Saben que la dualidad *enchufe-calambrazo* no es un juego de reciprocidad dialéctica ajeno a la naturaleza que existe solo en su entendimiento..., aunque solo sea porque en los dedos no está el entendimiento. Cuando –negando la evidencia de las causas– dicen que todo lo que existe es fruto del azar, hacen una renuncia puntual al uso de la razón.

La fe cristiana confía totalmente en la recta razón, mediante la cual se puede llegar al conocimiento de Dios. Para el creyente, la razón es inseparable de la fe y ha de ser respetada como un don divino.

—Y si se puede llegar a Dios con la luz de la razón, ¿para qué es necesaria la fe?

No es difícil llegar a reconocer que Dios existe. Hemos repasado algunos de los razonamientos que nos llevan a Él, y veremos aún bastantes más. De todas formas, el trabajo no siempre es fácil. Además de exigir –como sucede con todo conocimiento– una manera recta de pensar y un profundo amor a la verdad, hay que contar con que, en muchos casos, los hombres renunciamos a proseguir un discurso racional cuando comprobamos que sus conclusiones se oponen a nuestros egoísmos o nuestras pasiones.

Supongo que esta será una de las razones por las que Dios dio un paso adelante y, dándose a conocer mediante la Revelación, nos tendió la mano. Así, además, todos los hombres pueden conocer todas esas verdades de forma fácil, con certeza y sin error.

Muy débil es la razón
si no llega a comprender
que hay muchas cosas
que la sobrepasan.
Blas Pascal

¿Es posible la autocreación?

Un cuento de hadas para personas mayores

—Mucha gente dice que le sobran todos esos argumentos porque la teoría del *big bang* explica perfectamente la autocreación del universo, y ya no necesitan a Dios para explicar nada.

El *big bang* y la autocreación del universo son dos cosas bien distintas. La teoría del *big bang*, como tal, resulta perfectamente conciliable con la existencia de Dios. Sin embargo, sobre la teoría de la autocreación –que sostiene, mediante explicaciones más o menos ingeniosas, que el universo se ha creado *él solo a sí mismo, y de la nada*–, habría que objetar dos cosas. Primero, que desde el momento en que se habla de creación *partiendo de la nada*, estamos ya fuera del método científico, puesto que la *nada* no existe y por tanto no se le puede aplicar el método científico. Y segundo, que hace falta mucha fe para pensar que una masa de materia o de energía se pueda haber creado a sí misma.

Tanta fe parece hacer falta, que el mismo Jean Rostand –por citar a un científico de reconocida autoridad mundial en esta materia y, al tiempo, poco sospechoso de simpatía por la doctrina católica–, ha llegado a decir que esta historia de la autocreación es como «un cuento de hadas para personas mayores». Afirmación que André Frossard remacha irónicamente diciendo que «hay que admitir que algunas personas adultas no son más exigentes que los niños respecto a los cuentos de hadas. (...) Las partículas originales, sin impulso ni dirección exteriores, comenzaron a asociarse, a combinarse aleatoriamente entre ellas para pasar de los quáseres a los átomos, y de los átomos a moléculas de arquitectura cada vez más complicada y diversa, hasta producir, después de miles de millones de años de esfuerzos incesantes, un profesor de astrofísica con gafas y bigote. Es el ¡no va más! de las maravillas. La doctrina de la Creación no pedía más que un solo milagro de Dios. La de la autocreación del mundo exige un milagro cada décima de segundo».

La doctrina de la autocreación exige un milagro continuo, universal, y sin autor.

Evolución: bien, ¿pero de dónde?

—Hay quien entiende la historia del universo como una evolución de organismos vivos que ha emergido con ocasión del desarrollo de la materia y ha alcanzado un cierto grado de complejidad...

Para quienes defienden esas teorías, parece que el mundo no es más que una cuestión de geometría extraordinariamente compleja. Sin embargo, por mucho que se compliquen unas estructuras, y por mucho que se admitiera una vertiginosa evolución en su complejidad, esa evolución de la sustancia material se enfrenta al menos a dos objeciones importantes.

La primera objeción es que la evolución jamás explicaría el origen primero de esa materia inicial. La evolución transcurre en el tiempo; la creación es su presupuesto.

La segunda objeción es que pasar de la materia a la inteligencia humana supone un salto ontológico que no puede deberse a una simple evolución fruto del azar. La materia, por mucho que se desarrolle, no es capaz de producir un solo pensamiento capaz de comprenderse a sí misma, igual que –como sugiere André Frossard– nunca se vería que un triángulo, después de un extraordinario proceso evolutivo, advirtiera de repente, maravillado, que la suma de sus ángulos internos es igual a ciento ochenta grados.

—¿Y hay algún inconveniente en que un católico crea en la evolución de las especies? Muchos dicen que no tiene sentido que la Iglesia siga resistiéndose a aceptar algo que está probado científicamente.

Quizá no estén bien informados, porque la Iglesia católica no tiene especial inconveniente en aceptar la evolución del cuerpo del hombre a partir del de un primate. Para conciliar la doctrina de la evolución humana con la teología católica, es suficiente con admitir que Dios actuó en un momento determinado sobre el cuerpo de la primera pareja, infundiéndoles un alma humana.

Dios pudo, en efecto, ir formando el cuerpo del hombre a partir de alguna especie de primate en evolución, según un proyecto por Él diseñado, y cuando alcanzó el grado de desarrollo requerido, dotarlo de alma humana. No tiene la Iglesia inconveniente alguno en que un católico acepte esa hipótesis si le parece digna de crédito.

—¿Y entonces un católico no tiene que creer al pie de la letra el relato de la creación que aparece en el *Génesis*?

No es necesario que sea al pie de la letra. Las narraciones de fenómenos físicos o naturales de la Biblia no pretenden darnos directamente unas enseñanzas en materia científica. Y tampoco el detalle de sus descripciones pretende afectar directamente a la doctrina de la salvación. Como puedes comprender, el autor del *Génesis* no pretendía dar una clase de astrofísica cuando lo escribió. Lo que sí parece que quiso dejar claro es que todo lo que existe depende de Dios, que el universo no es autosuficiente y que Dios es el creador y señor de todas las cosas. Las aparentes divergencias que parecen darse entre algunas narraciones bíblicas y los actuales conocimientos científicos sobre esos fenómenos, se deben al sentido metafórico o figurado con el que en algunos casos escribían los autores sagrados, o bien a un diferente modo de expresarse, según las apariencias sensibles o la manera de hablar de entonces de aquel pueblo.

¿Un alma espiritual?

—Mucha gente niega la existencia del alma. Dice que la inteligencia humana es un proceso cerebral, como cualquier otro de los que hay en el organismo humano, y que no necesita explicaciones espirituales.

La inteligencia humana no es una mera función del cerebro, como la que puede hacer la bilis en el hígado, por ejemplo. El hecho de que la inteligencia no actúe sin la colaboración de los sentidos, que tienen su sede en el cerebro, no supone identificar cerebro e inteligencia. Un aparato eléctrico no funciona si no se enchufa, pero el enchufe no es la causa de que funcione, ni de que exista la electricidad. Enchufe y cerebro son condiciones, no causas.

—¿Y por qué tiene que ser espiritual el alma humana?

Ningún efecto puede ser ontológicamente mayor que su causa. Si el hombre es capaz de tener pensamientos abstractos, su alma tiene que ser espiritual. Si la mente humana es capaz de producir ideas inmateriales, el alma tiene que ser inmaterial, es decir, espíritu.

—Pues hay quien asegura que la vida humana responde en su totalidad a un esquema bioquímico que explica todos sus procesos.

¿Fueron entonces –se pregunta J. R. Ayllón– las neuronas de Miguel Ángel quienes pintaron la Capilla Sixtina? En caso afirmativo habría que admirar los procesos bioquímicos de su cerebro, y no de su propietario. Y si la conducta criminal de Hitler fue exclusiva e inevitable consecuencia de su química neuronal, no sería él responsable del holocausto de tantos judíos, sino solo sus neuronas. ¿Pueden las neuronas ser justas, o valientes, o peligrosas? Si las neuronas movieran *totalmente* al hombre, el hombre sería un *títere de su cerebro*. ¿Son acaso las neuronas quienes originan la voluntad libre y, por consiguiente, se dan órdenes a sí mismas?

En la base de las decisiones libres encontraremos procesos bioquímicos, es cierto, pero la libertad y la inteligencia no parecen ser procesos bioquímicos, ni tampoco efectos de solo lo bioquímico, como la luz solar que entra en la habitación no es efecto solo de que la ventana esté abierta: tiene que alumbrar el sol.

Reducir la vida humana a un proceso bioquímico extraordinariamente complejo es tanto como negar la existencia de la libertad humana.

Cualquier hombre puede comprender que es capaz de escoger, que podría haber obrado de manera distinta a como ha hecho, y que, en definitiva, la libertad existe y no es una simple entelequia de la razón.

Lo curioso es que quienes sostienen esas teorías *deterministas* –que niegan la libertad en pro de todos esos complejos procesos bioquímicos– no se resignan a que los demás conculquen sus derechos. Estoy seguro que si a uno de ellos le roban su cartera, lo más probable es que no se limite a pensar que el pobre ladrón obró así *necesariamente,* impelido por un estímulo bioquímico irresistible, sino que llamará a la policía y exigirá que busquen al culpable, quizá incluso que le castiguen, y, por supuesto, la devolución de la cartera.

Si rompes tus cadenas, te liberas;
pero si cortas con tus raíces, mueres.

Doria Cornea

Una noche que cambió una vida

La noche del 29 al 30 de abril de 1937

Manuel García Morente se había procurado unos días de soledad para entregarse serena y metódicamente al análisis de unos temas que le preocupaban profundamente.

Morente era Decano de la Facultad de Filosofía y Letras de Madrid desde 1931, y estaba considerado ya entonces como una de las figuras más destacadas de la vida universitaria española de la primera mitad del siglo XX.

Fue siempre –cuenta López Quintás– un espíritu muy reflexivo y abierto. Graves pruebas personales y familiares avivaron en él un intenso deseo de dar un sentido cabal a su existencia. Pero permanecía insensible a la luz de la fe.

A pesar de efectuar largos y penosos procesos intelectuales, no lograba clarificar lo que para él era la cuestión básica de la vida humana: si existe alguna realidad superior al mundo que dé pleno sentido y cumplimiento a la existencia del hombre.

Su gran capacidad analítica no acertaba a responder a esa pregunta. Su actitud de *soberbia espiritual* –en expresión posterior suya– le hizo rechazar la idea de un Dios que atiende con solicitud y cariño al hombre. Ese planteamiento le parecía una puerilidad. Veía a Dios como un ser lejano, incomunicado de los hombres, puro término de la mirada intelectual, objeto de reverencia muda e inmóvil, de sumisión total, pero nunca de acogimiento de hijo. A su entender, la existencia del hombre se limitaba a una sucesión de causas y efectos rígidamente determinada.

Sin embargo, aquella noche comenzó a experimentar un vivo deseo interior de que todas sus objeciones a la existencia de un Dios providente fueran inválidas. Pensaba que los hechos producidos por el mero determinismo natural carecen de sentido. Sentía aletear, en lo más íntimo de su ser, una vaga necesidad: la de que hubiese quien redimiera al hombre de su menesterosidad última.

Este empedernido pensador, quebrantado por los avatares de la guerra civil española, que había hecho presa de modo trágico en su propia familia, sentía un anhelo inconfesado pero eficiente de que existiera una providencia divina, «una suprema inteligencia, supremamente activa, fuente de vida, de mi vida y de toda vida, es decir, de todo complejo o sistema de hechos plenos de sentido».

Una lejanía irritante

El silencio de Dios, el hecho de que Dios pareciera contemplar impasible nuestros sufrimientos, le producía un alejamiento de la fe, una sensación de que la vida carecía de sentido.

Sin embargo, al plantearse la cuestión del sinsentido de la existencia, sentía en su interior que se avivaba el deseo de que existiera un ser que diera razón a todos los acontecimientos, tanto a los felices como a los adversos. «El solo pensamiento de que hay una providencia sabia, bastó para tranquilizarme –escribiría más tarde, recordando aquel momento–; aunque no comprendía ni veía la razón o causa concreta de la crueldad que esa misma providencia practicaba conmigo, negándome el retorno de mis hijas».

Morente se consagró al análisis de este tema, pero no logró liberarse de aquella lejanía inaccesible, irritante, de Dios. Y sufrió una «crisis de resentimiento» que le llevó a rebelarse contra el Ser Supremo. La única libertad reservada al hombre le parecía ser la de no aceptar el obsequio de la vida y recurrir al suicidio, como acto desesperado de posesión de sí mismo. Pero, al verse en tal callejón sin salida, que se le antojaba grotesco, Morente decide volver sobre sus pasos y rehacer desde sus bases todo aquel proceso intelectual. Con un enorme esfuerzo de voluntad, se toma una tregua en el pensamiento.

El instante de la conversión

Enciende la radio para distraerse, y escucha fragmentos de una sinfonía de César Frank, la *Pavana para una infanta difunta* de Ravel, y *La infancia de Jesús* de Berlioz. Esta última obra le sumergió en un estado de «deliciosa paz».

En aquellos momentos de perplejidad radical, se abrió, sin proponérselo expresamente, al mundo de la belleza y de la honda expresividad de la música. Y de pronto se hizo en él una gran luz.

No fue una irrupción de la belleza artística únicamente. No fue solo la perfección, la armonía, la luminosidad y la paz de aquella obra musical. La marea de belleza iba aliada con la revelación de un Dios que esconde su divinidad en la forma humilde e indefensa de un niño. Y suscitó en su imaginación una visión intensa de las escenas fundamentales de la vida de un Dios hecho un ser menesteroso, como nosotros, y entregado a hacer el bien hasta su muerte en una cruz. Esta imagen de un Dios encarnado y anonadado, que esconde su divinidad para hacerse más accesible al hombre, de un Dios que ama y sufre por los demás en silencio, no despertó en el ánimo de Morente ya rechazo alguno, sino confianza y amor.

Comprendió que esa aparente indiferencia de Dios responde a un profundo respeto por la libertad del hombre. Pensó que -como había dicho Pascal- no era justo que Dios apareciera de una manera tan manifiestamente divina que la adhesión del espíritu no fuera libre, ni de una forma tan oculta que no pudiese ser reconocido por quienes lo buscaran sinceramente.

Todo lo que mira a Dios supera a nuestro espíritu y se halla por eso mismo rodeado de sombras, pero Él mismo nos ha proporcionado pruebas accesibles a nuestro espíritu para que seamos capaces de entenderle razonadamente.

La contemplación de ese Dios de carne y hueso, que se compromete por amor a compartir la suerte del hombre, convirtió aquella distancia infranqueable en una cercanía sobrecogedora. Esa vecindad –explicaba– hizo posible la interrelación personal, la oración, el diálogo con su Dios: un encuentro que suscita sentimientos de paz y transforma la vida y la mentalidad del hombre que ora. «Volví la cara hacia el interior de la habitación y me quedé petrificado. *Allí estaba Él.* Yo no lo veía, yo no lo oía, yo no lo tocaba. Pero Él estaba allí».

Se había convertido. «Es verdaderamente extraordinario e incomprensible –escribiría después– cómo una transformación tan profunda pueda verificarse en tan poco tiempo».

Aceptar con humildad a Dios

Había aceptado a Dios. «El acto más propio y verdaderamente humano –decía– es la aceptación de la voluntad de Dios. Querer libremente lo que Dios quiera: he ahí el ápice supremo de la condición humana».

Morente se hallaba angustiado por resolver el gran problema que acosaba su espíritu: aunar la libertad y la obediencia, sentir la vida como propia y al tiempo reconocer que uno es dependiente de otras realidades que son distintas, pero no ajenas, al propio destino. Tras el hecho extraordinario vivido en aquella noche del 29 al 30 de abril, Morente advierte que la solución más clara y neta de este problema radica en reconocer la realidad de la condición humana, en saber aceptarse uno mismo como un ser finito y limitado.

Al aceptar esto, el hombre adopta una actitud de sencillez espiritual, de humildad, de disponibilidad, de acogimiento agradecido. Reconoce que lo propio del ser *creado* es la gratitud hacia su *creador,* de la misma manera que lo propio del hijo es querer a sus padres. Y esa prontitud para el agradecimiento corta de raíz una de las causas fundamentales del ateísmo: la soberbia y el resentimiento. Y desbloquea el espíritu, encerrado y resentido por su limitación, para abrirlo a las fuentes de la auténtica creatividad humana.

El mejor uso de la libertad

He traído a estas páginas el relato de la conversión de García Morente, porque muchas personas pueden pasar en algún momento de su vida por una crisis en cierto modo parecida.

Al hombre le cuesta reconocer la realidad de la condición humana, y aceptarse a sí mismo como un ser creado por Dios y sujeto a un orden natural.

Quizá por eso es tan corriente que la clave de una conversión esté en ese reconocimiento humilde de la realidad de la condición humana. Y quizá también por eso, en el rechazo de esa dependencia –según cuenta el relato del Génesis– tuvo el origen el primer pecado. La resistencia a la conversión es, muchas veces, como una crisis del hombre que quiere hacer de la independencia personal una categoría absoluta a la que sacrificar y sacrificarse por completo.

Una crisis por la que pasó también otro gran pensador, cuya conversión tuvo lugar por aquella misma época pero a bastantes kilómetros de distancia. Así narraba el británico C. S. Lewis su resistencia de aquel momento en que cambió su vida: «Aquel día cedí, admití que Dios era Dios y, de rodillas, recé...; entonces no vi lo que ahora es más claro: la humildad divina que acepta a un converso incluso en tales circunstancias...; el hijo pródigo al que traen revolviéndose, luchando, resentido y mirando en todas direcciones buscando la oportunidad de escapar...».

—Me parece natural que al hombre le cueste aceptarlo, puesto que siempre supone comprometerse y, en definitiva, una hipoteca de su libertad...

Comprometerse no es hipotecar la libertad, sino emplearla. Como decía la poeta rumana Doria Cornea, *si rompes tus cadenas, te liberas; pero si cortas con tus raíces, mueres.*

Romper las cadenas, otorga libertad;
pero romper con todo compromiso
es cortar las raíces de la persona.

Y aunque es cierto que las personas que aceptan el riesgo de su libertad personal y se comprometen con lo elegido, renuncian a todas las cosas que no eligen, también es cierto que se enriquecen con las consecuencias de lo que sí han elegido. Si el hombre rehuyera de modo habitual el compromiso, aunque dijera hacerlo por un profundo amor por la libertad, lo que haría es condenar su vida a la indecisión y la esterilidad.

Cuanto mejor se elige, y cuanto más se compromete la persona con lo escogido, tanto más se enriquece a sí misma y tanto más enriquece a los demás. Como asegura Antonio Orozco, la libertad interesa porque hay algo más allá de la libertad que la supera y marca su sentido: el bien. Si una elección supone un compromiso de aceptación de Dios, y esto refuerza algo que es propio de la naturaleza humana, será este el uso más acertado de nuestra libertad. La aceptación de un orden natural fuera del cual jamás alcanzaríamos nuestra plenitud como hombres.

La grandeza de un hombre
está en saber reconocer
su propia pequeñez.

Blas Pascal

¿Puede Dios caber en mi mente?

Reconocer nuestra limitación

Si un estudiante de bachillerato va un día a la Universidad y asiste a una clase de doctorado en la que se está tratando una materia especialmente compleja, no debería extrañarse si ve que a veces pierde el hilo de la explicación (suponiendo que en algún momento llegara a encontrarlo). Le parecerá lo más natural, puesto que esa materia le supera por completo.

Algo parecido –ya siento no haber encontrado ejemplo mejor– podría decirse que sucede con la comprensión sobre la naturaleza de Dios que puede alcanzar el hombre.

Si ese estudiante de nuestro ejemplo dijera que todo lo que ha oído en esa clase es mentira por la sencilla razón de que él no entiende nada, habría quizá que hacerle ver –educadamente, por supuesto– que su capacidad de entender las cosas no es quien concede la verdad a esas cosas.

La verdad no está obligada a ser entendida completamente por todas las personas. Y esto no es decir que sean tontas, ni renunciar a la razón, sino simplemente constatar que tenemos limitaciones.

Por eso dijo Pascal –y era un gran científico– que la grandeza de un hombre está en saber reconocer su propia pequeñez.

Aquel profesor –volviendo a nuestra comparación– podrá hacer aproximaciones a esa verdad, con ejemplos o simplificaciones más o menos afortunadas que ayuden a que el estudiante lo entienda. Y también podrá rebatir, con mayor o menor acierto pedagógico, las objeciones que el chico ponga. Pero no logrará hacerle entender todas las clases perfectamente y hasta sus últimas consecuencias. Porque está a otro nivel.

Pensar que uno es tan listo como para abarcar por completo a Dios es una ingenuidad presuntuosa. Más o menos, como si el estudiante de nuestro ejemplo pensara que ha entendido perfectamente todo lo que ha escuchado en esa clase (probablemente entonces habría entendido algo distinto a lo que realmente se explicó).

Si alguien dice que Dios no existe porque no cabe por completo en su cabeza, habría que hacerle considerar que si Dios cupiera por completo en su cabeza, quizá entonces ya no sería Dios. Y eso no tiene nada que ver con la posibilidad de la razón humana de demostrar la existencia de Dios. La razón es capaz de llegar a Dios, pero demostrar la existencia de Dios no es abarcar completamente a Dios.

Para creer, hay que darse cuenta de nuestra limitación. Hay que reconocer humildemente –y sé que es difícil ser humilde– la limitación de la razón humana. Así podremos acercarnos a algo que es muy superior a nosotros.

—Pero Dios podría hacer algo para que le conozcamos más fácilmente...

Ha hecho ya mucho. Quizá sea al hombre a quien falte poner algo más de su parte. Además, sería poco conforme a nuestra condición humana *obligar* a Dios a aceptar nuestros axiomas sobre lo que tendría que hacer para darse *sensatamente* a conocer a los hombres.

Dios no ha querido obligar forzosamente al hombre a reconocerle. La razón humana puede demostrar la existencia de Dios y conocer bastante sobre su naturaleza. Pero no puede llegar por sí sola a otras muchas verdades relacionadas con la naturaleza de Dios.

El hecho de que el hombre no llegue a captar unas verdades no tiene por qué vulnerar esas verdades. Es algo –explica Mariano Artigas– que sucede también en las ciencias, y continuamente. Por ejemplo, nadie duda de la realidad de las partículas subatómicas, a pesar de que encontramos dificultades –que de momento son insalvables– cuando intentamos explicar su naturaleza. Pero esas dificultades no impiden que poseamos muchos conocimientos bien comprobados acerca de esas partículas, y que podamos utilizarlos como base de tecnologías muy avanzadas.

La fe es razonable, pero al hombre le resulta difícil llegar a comprenderla con profundidad con la única ayuda de la razón. Por eso la Revelación supone una gran ayuda en el laborioso camino de la inteligencia humana.

¿Creer en algo que no estoy seguro de que exista?

—Hay personas que se declaran agnósticas porque dicen que nadie ha conseguido demostrarles de forma convincente que Dios existe. Y que no pueden rezar a un ser del que ni se sabe siquiera si verdaderamente existe, porque sería como arrojar al mar mensajes en una botella, con la duda de si alguna vez los recogerá alguien.

Sin embargo -perdóname por la broma-, tengo entendido que los náufragos en islas desiertas arrojaban botellas al mar, o al menos eso se cuenta. Y supongo que lo harían porque pensaban que confiar en algo que no sea una certeza aplastante e incontrovertible no tiene por qué ser una actitud absurda. Lo que quizá sí sería absurdo es quedarse sin hacer nada porque no se sabe con total seguridad si alguien llegará a encontrarse algún día con la botella.

—Sí, pero dicen que ellos optan por no arriesgar *nada*, y por eso prefieren no creer en nada, puesto que no hay *nada* claramente probado.

Con ese planteamiento, si me apuras, habría que dejar de creer incluso en que uno es hijo de sus padres –pido perdón de nuevo por el ejemplo–, como única solución segura para evitar el riesgo de amar a unos padres falsos.

La mayoría de nuestros conocimientos provienen del testimonio de otras personas, y en la mayoría de los casos no podemos comprobarlos incontrovertiblemente.

Y eso incluye datos tan sencillos como quiénes son nuestros padres, nuestro lugar y fecha de nacimiento, la mayor parte de la geografía y de la historia, y un larguísimo etcétera. Sin embargo, solemos creer que el medicamento que tomamos corresponde a lo que indica el rótulo de la caja, o que el indicador de salida de la autopista nos mandará al lugar que señala, o que realmente existe aquel lejano país que viene en los mapas y del que tanto habla la prensa pero que jamás hemos visitado. Porque eso es lo razonable.

Nos pasamos la vida –todos, también quienes dicen que no creen en *nada*– teniendo fe en muchas cosas, corriendo riesgos, fiándonos de lo que no está claramente probado. La fe significa crédito o confianza. Si queremos demostrar todo, nos veremos abocados a un proceso infinito en el que la desconfianza absoluta recortaría drásticamente a una persona, y su vida quedaría reducida al pequeñísimo ámbito de lo que es comprobable por uno mismo.

Por eso, el hecho de que la fe en Dios exija una actitud de aceptación es algo también muy razonable. Lo que no sería razonable, más bien, es el escepticismo absoluto, o pedir un desproporcionado grado de seguridad. Y menos razonable aún si solo se pide en cuestiones de religión o de moral.

La misma amistad, sin ir más lejos, requiere del ejercicio de la fe y la confianza, puesto que, sin ellas, ningún amigo merecería tal nombre. Así lo entendía un pensador de la antigüedad, que se preguntaba: ¿Cómo puedo afirmar que no se debe creer en nada sin conocerlo directamente, si, en caso de no creer algo que no puede ser demostrado con seguridad por la razón, no existiría la amistad, ni el amor?

¿Creer en algo que me complica la vida?

—Hay veces en que la resistencia a creer en Dios es sobre todo una resistencia de la voluntad para evitarse complicaciones morales.

Ciertamente, y por eso muchos agnósticos se amparan en la excusa de que no se puede conocer con certeza la existencia de Dios, para así vivir en la práctica como si no existiera. Y *resuelven* sus dudas intelectuales apostando a nivel práctico por la no-existencia de Dios, con una seguridad –y asumiendo unos riesgos– difíciles de conciliar con sus anteriores razonamientos.

Es una postura que, por otra parte, resulta muy atractiva para quienes buscan eludir algunas de las exigencias morales que supone la existencia de Dios, al tiempo que se evitan la molestia de rebatirlas. De esta manera, su agnosticismo acaba siendo una sencilla máscara intelectual que esconde unos planteamientos muy poco consistentes.

Hay otros –a los que quizá habría que alabar inicialmente por su sinceridad–, que afirman creer en Dios, pero que prefieren ponerlo entre paréntesis porque, por alguna razón más o menos confesada, no les interesa que afecte a su vida. Se trata de un *indiferentismo* que, si bien puede ser efectivamente sincero, no parece precisamente un ejemplo de coherencia.

Otros profesan una especie de *agnosticismo estético*, con el que hacen difíciles equilibrios entre el escepticismo y la búsqueda de aprobación social, o entre el miedo al compromiso y el miedo al *qué dirán*. Parecen pensar que la incredulidad es prueba de elegancia y sabiduría, y quizá por eso llegan hasta el extremo de fingirla.

En unos casos y en otros, son actitudes que responden a decisiones personales, .que son muy libres de tomar, por supuesto, pero que no se fundamentan en un discurso intelectual muy riguroso. El discurso suele venir después, para justificar su decisión.

Agnosticismo y cálculo de probabilidades

—Otros, y parece que lo dicen honradamente, aseguran que si alguien les convenciera de que Dios existe, se convertirían. Pero que no pueden forzar una fe que no tienen. Dicen incluso que les gustaría tener la fortuna de poseer esa fe que ven que hace tan felices a otros...

Se le podría dar la vuelta a su razonamiento: que sea él quien demuestre que Dios no existe, o que no puede conocerse, y así entonces serías tú quien se convertiría a su postura.

—De entrada, me diría que no tiene ningún interés en convertirme, como parezco tenerlo yo.

Pienso que todo hombre realmente persuadido de estar en la verdad debe tener la ilusión de compartirla con los demás. Me parece que buscar que los demás se acerquen a lo que uno considera verdadero –respetando siempre la libertad, por supuesto–, es algo positivo.

—Pues entonces admitiría que tampoco se puede demostrar que no existe Dios, pero como su existencia es algo dudoso, le parece igual de razonable apostar por cualquiera de las dos opciones.

Sin embargo, él, en la práctica, vive como si Dios no existiera. Está viviendo, en definitiva, conforme a algo que no puede demostrar. En el fondo, está teniendo fe en algo, en la no-existencia de Dios, pero con el agravante de que si efectivamente al final resultara que Dios existe –cosa que sabremos dentro de no tanto tiempo–, lo más probable es que él haya salido perdiendo en esa *apuesta*, y por los siglos de los siglos.

—Pero dirá que si al final resulta que Dios no existe, eres tú quien pierde, y él, en cambio, habrá salido ganando.

No está tan claro, pues no parece muy seguro que quienes viven al margen de Dios pasen una vida más feliz. Ellos mismos reconocen muchas veces –lo comentabas antes tú mismo– que incluso les gustaría tener la fe que ven que hace tan felices a otros. Y es lógico que así suceda, puesto que tener fe es siempre servir a algo más elevado, y todo hombre –quiéralo o no– es siervo de las cosas en las que pone su felicidad.

O sea, que si al final de la vida se comprueba que Dios existe, el agnóstico ha apostado por el error de más trascendencia que pueda haber. Y si Dios no existiera, tampoco habría salido ganando. Así que, hasta por esta razón de probabilidad, parece bastante razonable apostar por la fe.

Así lo resumía Pascal:
«Prefiero equivocarme
creyendo en un Dios que no existe,
que equivocarme
no creyendo en un Dios que existe».

«Porque –añadía, haciendo gala de su habitual pragmatismo de científico– si después no hay nada, evidentemente nunca lo sabré, cuando me hunda en la nada eterna; pero si hay algo, si hay Alguien, tendré que dar cuenta de mi actitud de rechazo».

Por otra parte, si Dios existe, ha de haber una religión, pues la religión es lo propio de la relación natural entre cualquier ser y quien lo ha creado. Igual que lo natural es que un hijo trate a sus padres, por la sencilla razón de que le han traído al mundo, lo natural en el hombre es mantener una relación con su creador, y puede decirse que eso es la religión.

El hombre encuentra a Dios
detrás de cada puerta
que la ciencia logra abrir.

Albert Einstein

¿Son compatibles ciencia y fe?

¿Puede la ciencia controlarse a sí misma?

El físico alemán Otto Hahn, inventor de la fisión del átomo de uranio, se encontraba recluido en un campo de concentración inglés, junto con otros eminentes hombres de ciencia. Cuando le llegó la noticia de que Nagasaki había sido arrasada por una bomba atómica, sintió una profundísima culpabilidad. Sus investigaciones sobre la fisión del uranio habían acabado por utilizarse para producir una terrible masacre. Tal fue su desazón que intentó abrirse las venas con los alambres de espino que rodeaban el campo.

Una vez que sus compañeros lograron disuadirle, el viejo profesor les hizo, desolado, la siguiente confesión: «Acabo de advertir que mi vida carece de sentido. He investigado por puro deseo de revelar la verdad de las cosas, y todo aquel saber científico acaba de convertirse en un enorme poder aniquilador».

La experiencia personal de Otto Hahn fue, en realidad, la experiencia amarga de toda una época. Una sobrecogedora impresión de fracaso invadió los espíritus de todos cuantos habían luchado año tras año con tanta tenacidad para llevar el conocimiento científico a la máxima altura posible, convencidos de hacer con ello un gran bien a la humanidad. Habían trabajado afanosamente –comenta López Quintás– con la profunda convicción de que el aumento del saber teórico y el incremento de la felicidad humana estaban inequívocamente vinculados. Confiaban en que fomentar el saber científico tomaría siempre un valor positivo, que significaría automáticamente conseguir cotas más elevadas de felicidad y de dignidad. Pensaron que se trataba de un bien incuestionable y que, por tanto, se traduciría ineludiblemente en bienestar y plenitud para el hombre.

Pero esta ilusión multisecular, que ya había hecho quiebra en las trincheras de Verdún, se vino estrepitosamente abajo con los horrores de la Segunda Guerra Mundial. El terrible poder destructor de las armas nucleares, los intensísimos bombardeos sobre población civil, el exterminio sistemático y profundamente cruel de toda una raza, y un saldo de cincuenta millones de muertos pusieron trágicamente de manifiesto que el saber teórico puede traducirse en un saber técnico, y este a su vez en un amplio poder sobre la realidad, pero –por desgracia– todo ese dominio no conduce automáticamente a una mayor felicidad de los hombres si quienes ostentan ese poder carecen de una conciencia ética adecuada a su responsabilidad.

Después de siglos de febril incremento del saber científico, la idea de que el progreso humano es siempre continuo y no puede haber retroceso, se había revelado como irritantemente falsa. El ideal del dominio científico, y la forma consiguiente de humanismo, saltaron en pedazos al entrar en colisión con la terca realidad de la historia. Era patente que el futuro no debería caracterizarse por esa ingenua credulidad en el progreso como principio motor de una civilización, sino que resultaba necesario cimentarlo sobre valores más elevados y seguros.

Historia de un desengaño

El psiquiatra austríaco Victor Frankl, tras su experiencia personal en los campos de concentración, llegó a la conclusión de que no fueron los ministerios nazis de Berlín los verdaderos responsables de aquellas atrocidades, sino la filosofía nihilista del siglo XIX. Si el hombre es un simple producto de una naturaleza cambiante, un simple mono evolucionado, entonces, igual que al mono se le puede enjaular en un zoológico, al hombre se le podrá encarcelar en un campo de exterminio. Si el hombre es un simple animal, aunque extraordinariamente adiestrado, y hacemos jabones con grasa animal, ¿por qué no hacerlos con grasa humana?

Husserl, aleccionado por el hundimiento del mito del eterno progreso con motivo de la conmoción bélica mundial –en la que vio, entre otras cosas, aquella racionalización perfecta de la matanza en masa de millones de inocentes–, se percató claramente de que la ciencia, por razón de su método, no puede ser una instancia rectora de la vida humana. «El mundo de las objetividad científica –escribió– es un mundo cerrado e inhóspito. La forma en que el hombre moderno se dejó, en la segunda mitad del siglo XIX, determinar totalmente por las ciencias positivas y cegar por la *prosperity* a ellas debida, significó dejar de lado las cuestiones decisivas para una humanidad auténtica. Ciencias que solo contemplan puros hechos, hacen hombres que solo ven puros hechos». Buscar el conocimiento científico objetivo de las cosas es lícito y fecundo. Pero considerar ese modo de conocer como el modélico, como el único riguroso, constituye una parcialidad inaceptable, por cuanto empobrece enormemente al hombre.

La Ilustración perseguía el ideal renacentista de entregar al hombre a sí mismo, de hacerlo libre permitiéndole vivir bajo el imperio de la sola razón. La esperanza de que el hombre alcanzaría la felicidad para siempre en un mundo dominado y sin secretos, por medio de una ciencia que lo sabría y lo podría todo, resultó ser un sueño que nunca lograba alcanzarse, y que el horror gigantesco de dos guerras mundiales convirtieron en algo peor que una pesadilla. El dominio de la realidad se escapaba del estrecho molde del pensamiento racionalista. Y el peligro no provenía de la ciencia en sí, sino del espíritu cientifista. De esa mentalidad que llevaba a considerar que solo puede conocerse aquello que es medible, controlable, verificable, y a despreciar los aspectos de la realidad que se resisten a tal género de control y cálculo. Esa pretensión indómita de dominio sin límites dejaba al hombre en una situación de desamparo. Pronto se vio que la ciencia, que había llenado con su prestigio el Siglo de las Luces, no podía colmar ella sola por completo la vida del hombre. No era su misión.

La ciencia no habla de valores, de sentido, de metas ni de fines, y de todo eso necesita el ser humano para preservar su dignidad y ser feliz.

El optimismo ilustrado había previsto horizontes paradisíacos. Pero la utopía científica mostraba como nunca su impotencia.

No hay duda en que el progreso científico ha sido grande, y que ese desarrollo es algo bueno, o que, al menos, no tiene por qué ser malo. Pero hoy día ya pocos creen que todo eso sea la panacea, que pueda hacer algo más que trasladar la inquietud de unos temas a otros. El dominio de las cosas es muy elevado, pero es necesario un humanismo válido que dé sentido a todo ese avance científico. Porque, de lo contrario, puede embriagarse con sus propios éxitos y crecer en direcciones aberrantes para la dignidad del hombre.

La técnica permite poner a punto medios de comunicación muy poderosos, rápidos, atractivos, sugerentes..., pero estos medios pueden ser un arma de primer orden para manipular las mentes, troquelar las voluntades y los sentimientos de los hombres. La ciencia necesita de unos límites a su pretensión de soberanía. Toda gran conquista –explica López Quintás– supone una inevitable ambivalencia: un avance en un aspecto y un retroceso en otro, quizá no menos valioso. El aumento de poder no corre siempre paralelo al aumento del poder del hombre sobre tal poder. La ciencia no puede abandonarse a su propia dinámica, sino que debe ser regulada por una instancia externa que la oriente y dé sentido.

¿El progreso científico implica un declive religioso?

La Edad Moderna comenzó cultivando insistentemente las cuestiones de método. Bacon, Descartes y Spinoza, por ejemplo, centraron su filosofía en torno a la búsqueda de un método riguroso que les permitiera llegar a la verdad y asentar la vida sobre convicciones sólidas, inquebrantables, inexpugnables.

Como las ciencias avanzan sobre datos seguros y contrastados, verificados por la experiencia, fueron surgiendo pensadores que tenían el convencimiento de que cada vez que la ciencia descubría un secreto, la religión daba un paso atrás, como si fuera un acercamiento hacia ese momento ideal en que la naturaleza tendría la cortesía de explicarse por sí misma.

A los ojos de algunos, parecía, en definitiva, como si el progreso de la ciencia redujera inexorablemente el dominio de lo religioso, más constreñido cada día. En contraposición a lo que consideraban un dócil espíritu medieval, el hombre habría de encontrar, con la fuerza de su razón, un método sin fisuras. Y el gran modelo del pensamiento auténtico era, para ellos, el saber matemático.

Si se procede con la debida lógica –afirmaban–, articulando bien los diversos pasos del razonar, se llega en matemáticas a conclusiones apodícticas, incuestionables. El orden en el razonar viene a ser la clave del recto pensar y conocer. Y este orden lo establece la razón, pues la razón es el gran privilegio del hombre. Por este camino –acababan por concluir–, el hombre se basta a sí mismo, puesto que la razón le ofrece recursos sobrados para descubrir las leyes de la realidad y lograr un rápido dominio sobre ella.

Pero de nuevo el paso del tiempo ha venido a mostrar cómo ese dominio es solo posible en términos cuantitativos, en aquello que puede someterse a cálculo y medida. Pero el espíritu se escapa de ese dominio del método matemático y de la lógica cartesiana. El espíritu, al hacer posible la opción libre, hace posibles muchas cosas que denuncian la insuficiencia del modelo racionalista.

—¿Qué quieres decir?

Abundan los ejemplos. Uno de los más característicos es el intento racionalista de explicar la inteligencia humana. Es difícil saber exactamente lo que es el pensamiento –explica J. R. Ayllón–, pero si reduzco el problema a una cuestión de neuronas, puedo lograr una tranquilizante impresión de exactitud: 1.350 gramos de cerebro humano, constituido por 100.000 millones de neuronas, cada una de la cuales forma entre 1.000 y 10.000 sinapsis y recibe la información que le llega de los ojos a través de un millón de axones empaquetados en el nervio óptico, y a su vez, cada célula viva puede ser explicada por la química orgánica... Así, puedo pretender explicar la inteligencia en clave biológica, la biología en términos de procesos químicos, y la química en forma de matemáticas.

Ahora bien, cualquier lector medianamente crítico se estará preguntando qué tienen que ver los porcentajes de carbono o hidrógeno, las neuronas y toda la matemática asociada a esos procesos con algo tan poco matemático como charlar, entender un chiste, captar una mirada de cariño o comprender el sentido de la justicia.

La ciencia moderna, con sus descubrimientos maravillosos, con sus leyes de una exactitud asombrosa, ofrece la tentación –un empeño que se dio en Descartes con una fuerza irresistible– de querer conocer toda la realidad con una exactitud matemática. Pero suele olvidarse algo esencial: que las matemáticas son exactas a costa de considerar únicamente los aspectos cuantificables de la realidad. Y reducir toda la realidad a solo lo cuantificable es una tremenda simplificación.

Se podría responder como lo hacía aquel viejo profesor universitario cuando un alumno hacía alguna afirmación de tipo reduccionista: «Eso es como si yo le pregunto qué es esta mesa, y usted me responde que ciento cincuenta kilos». Las magnitudes matemáticas han prestado y prestarán un gran servicio a la ciencia, y a la humanidad en su conjunto, pero siempre han hecho muy flaco servicio cuando han querido emplearse de modo exclusivista.

La totalidad de lo real nunca podrá expresarse solo en cifras, porque las cifras únicamente expresan magnitudes, y la magnitud es solo una parte de la realidad. Y no es cuestión de dar más números, o con más decimales. Por muchos o muy exactos que sean, presentan siempre un conocimiento notoriamente insuficiente. Tú pesas 70 kilos, pero tú no eres 70 kilos. Y mides 1,80 metros, pero no eres 1,80 metros. Las dos medidas son exactas (el ejemplo vuelve a ser de J. R. Ayllón), pero tú eres mucho más que una suma exacta de centímetros y kilos. Tus dimensiones más genuinas no son cuantificables: no se pueden determinar numéricamente tus responsabilidades, tu libertad real, tu capacidad de amar, tu simpatía hacia tal persona, o tus ganas de ser feliz.

No querer reconocer una realidad aduciendo que no puede medirse experimentalmente sería algo parecido a que un químico se negara a admitir las especiales propiedades de los cuerpos radiactivos –es algo que pudo perfectamente suceder a muchos en la época medieval–, con el pretexto de que no obedecen a las mismas leyes que explican lo que sucede a los demás cuerpos ya conocidos. Si las leyes que maneja no explican algo, lo más probable es que esas leyes no valgan.

Más allá de la ciencia, hay otra cara de la realidad: la más interesante, y también la más interesante del ser humano, aquella donde aparecen aspectos tan poco cuantificables como, por ejemplo, los sentimientos: no se pueden pesar, pero nada pesa más que ellos en la vida.

Un pensamiento, o un sentimiento, no son algo que honradamente podamos calificar de material. No tienen color, sabor o extensión, y escapan a cualquier instrumento que sirva para medir propiedades físicas. «Los fenómenos mentales –asegura John Eccles, Premio Nobel de Neurocirugía– trascienden claramente de los fenómenos de la fisiología y la bioquímica».

«La ciencia, a pesar de sus progresos increíbles –escribe Gregorio Marañón– no puede ni podrá nunca explicarlo todo. Cada vez ganará nuevas zonas a lo que hoy parece inexplicable. Pero las rayas fronterizas del saber, por muy lejos que se eleven, tendrán siempre delante un infinito mundo de misterio».

¿Demostrar que Dios no existe?

Narrando la historia de su conversión, C. S. Lewis explicaba cómo advirtió, en un momento concreto de su vida, que su racionalismo ateo de la juventud se basaba inevitablemente en lo que él consideraba como los grandes descubrimientos de las ciencias. Y lo que los científicos presentaban como cierto, él lo asumía sin conceder margen alguno a la duda.

Poco a poco, a medida que iba madurando su pensamiento, se estrellaba una y otra vez contra un escollo que no lograba salvar. Él no era científico. Tenía, por tanto, que aceptar esos descubrimientos por confianza, por autoridad..., como si fueran, en definitiva, dogmas de fe científica. Y esto iba radicalmente en contra de su racionalismo.

Lo relataba a la vuelta de los años, asombrándose de su propia ingenuidad de juventud. Sin saber casi por qué, se había visto envuelto en una credulidad que ahora le parecía humillante. Siempre había creído a ciegas en prácticamente todo lo que apareciera escrito en letra impresa y firmado por un científico. «Todavía no tenía ni idea entonces –decía– de la cantidad de tonterías que hay en el mundo escritas e impresas». Ahora le parecía que ese candor juvenil le había arrastrado hacia una inocente aceptación rendida de un dogmatismo más fuerte que aquel del que estaba huyendo. Los científicos, ante el gran público, tienen a su favor una gran ventaja: el tremendo complejo de inferioridad frente a la ciencia que tiene el hombre corriente.

—¿Y si la ciencia demostrara un día que Dios no existe? Porque mucha gente piensa que llegará un día en que la ciencia logrará que se prescinda de lo que llaman *la hipótesis de Dios, forjada en los siglos oscuros de la ignorancia...*

Es un viejo temor, que surge a veces incluso entre los propios creyentes, avivado por la fuerza divulgativa del ateísmo cientificista. Sin embargo, el temor del creyente ante la ciencia no tiene ningún sentido.

***Si demostrar con seriedad
la existencia de Dios puede ser
una tarea laboriosa para la filosofía,
demostrar su inexistencia
es para la ciencia una tarea imposible.***

El objeto de la ciencia no es más que lo observable y lo medible, y Dios no es ni lo uno ni lo otro. Para demostrar que Dios no existe, sería preciso que la ciencia descubriera un primer elemento que no tuviera causa, que existiera por él mismo, y cuya presencia explicara todo lo demás sin dejar nada fuera. Y si lo pudiera descubrir –que no podrá, porque está fuera de su ámbito de conocimiento–, sería precisamente eso que nosotros llamamos Dios.

Robert Jastrow, director del *Goddard Institute of Space Studies*, de la NASA, y gran conocedor de los últimos avances científicos en relación con el origen del universo, decía: «Para el científico que ha vivido en la creencia en el ilimitado poder de la razón, la historia de la ciencia concluye como una pesadilla. Ha escalado la montaña de la ignorancia, y está a punto de conquistar la cima más alta. Y cuando está trepando el último peñasco, salen a darle la bienvenida un montón de teólogos que habían estado sentados allí arriba durante bastantes siglos».

¿Científicos creyentes?

—Algunos están persuadidos de que ciencia y fe son incompatibles. Dicen, como Laplace, que «Dios es una hipótesis de la que no tienen ninguna necesidad». Y aseguran que son precisamente los científicos quienes suelen negar que se pueda conocer a Dios.

Es cierto que algunos científicos piensan así. Sin embargo, muchísimos otros -de indudable y reconocido prestigio- no dudan en declararse creyentes, y no les parece que la fe sea contraria en absoluto al ejercicio de su investigación, sino que afirman que la verdadera ciencia, cuanto más progresa, más descubre a Dios. Los conflictos entre fe y razón han sido siempre causados por la ignorancia de los defensores de una u otra parte.

El mismo Albert Einstein, por ejemplo, autor de la teoría de la relatividad, se negaba a creer que Dios «estuviera jugando a los dados con el universo», y afirmaba que «la religión sin la ciencia estaría ciega, y la ciencia sin la religión estaría coja también», y que la ciencia y la fe pueden coexistir perfectamente en un mismo espíritu.

El famoso premio Nobel alemán Werner K. Heisenberg, uno de los principales creadores de la

Mecánica cuántica y formulador del conocido Principio de Indeterminación que lleva su nombre, a su paso por Madrid en 1969, afirmaba: «Creo que Dios existe y que de Él viene todo. El orden y la armonía de las partículas atómicas tienen que haber sido impuestos por alguien».

Max Planck, otro premio Nobel alemán, formulador de la teoría de los *quanta,* es aún más explícito: «En todas partes, y por lejos que dirijamos nuestra mirada, no solamente no encontramos ninguna contradicción entre religión y ciencia, sino precisamente pleno acuerdo en los puntos decisivos».

Von Braun, el hombre de la NASA que logró poner al primer hombre en la Luna, aseguraba que «cuanto más comprendemos la complejidad de la estructura atómica, la naturaleza de la vida, o la estructura de las galaxias, tanto más nos encontramos nuevas razones para asombrarnos ante los esplendores de la creación divina».

El físico británico Paul Davies asegura que la ciencia no puede responder a los interrogantes últimos, sino que ha de existir algún plan superior capaz de explicar la vida humana. Para Davies, «resulta totalmente inviable atribuir la existencia del hombre al simple juego accidental de fuerzas ciegas de la naturaleza: la asombrosa racionalidad de la naturaleza -con un grado verdaderamente fabuloso de organización en diferentes niveles que se entrecruzan y complementan- no puede ser el fruto de simples casualidades».

Alexis Carrel, aquel premio Nobel de Medicina, positivista incrédulo convertido más tarde al catolicismo, fue testigo directo en Lourdes de una curación instantánea e inexplicable, y decía: «Poca observación y muchas teorías llevan al error. Mucha observación y pocas teorías llevan a la verdad».

La multiplicación de este tipo de testimonios tan cualificados han acabado por provocar un vuelco en contra de esa mentalidad de agnosticismo cientificista. Parece como si los agnósticos hubieran valorado en poco el poder de la inteligencia humana para llegar a Dios a través de la ciencia. Un editorial de la revista *TIME* comentaba con asombro ese cambio dentro del mundo científico: «A través de una callada revolución en el pensamiento y en la argumentación -una revolución impensable hace veinte años-, parece como si Dios se estuviera preparando su regreso».

Para las personas creyentes,
Dios esta al principio.
Para los científicos,
está el final de todas sus reflexiones.
Max Planck

¿Se pueden conciliar fe y razón?

¿Puede la ciencia explicarlo todo?

Una mirada al desarrollo científico con un poco de perspectiva histórica nos deja asombrados de la rapidez con que las máquinas se trasladan a los museos. Bastantes afirmaciones de las revistas científicas actuales probablemente sean motivo de hilaridad o de asombro para las generaciones futuras, quizá dentro de no tanto tiempo.

La historia de las ciencias nos advierte, con terca insistencia, de un hecho irrefutable: pocas teorías científicas logran mantenerse siquiera unos pocos siglos; muchas veces, tan solo unos años; y en algunas ocasiones, todavía menos. La mayoría de las afirmaciones de la ciencia van siendo sustituidas, una tras otra, poco a poco, por otras explicaciones más complejas y contrastadas de esa misma realidad. Eran hipótesis que fueron consideradas como ciertas durante una serie de años, o de siglos, y que un día quedan superadas. A veces, son englobadas dentro de teorías más completas, de las que la antigua hipótesis era un corolario o un simple caso particular. Otras, quedaron obsoletas y desaparecieron por completo del ámbito científico. La postura propia de la ciencia experimental ha de ser, por tanto, extremadamente cauta en sus afirmaciones.

«Una insidia perniciosa –escribía John Eccles poco después de recibir el Premio Nobel por sus investigaciones en neurocirugía– surge de la pretensión de algunos científicos, incluso eminentes, de que la ciencia proporcionará pronto una explicación completa de todos los fenómenos del mundo natural y de todas nuestras experiencias subjetivas. Es una extravagante y falsa pretensión que ha sido calificada irónicamente por Popper como *materialismo promisorio*.

»Es importante reconocer que, aunque un científico pueda formular esta pretensión, no actuaría entonces como científico, sino como un profeta enmascarado de científico. Eso sería cientificismo, no ciencia, aunque impresione fuertemente a aquellos profanos que piensan que la ciencia suministra incontrovertiblemente la verdad.

»El científico no debe pensar que posee un conocimiento cierto de toda la verdad. Lo más que podemos hacer los científicos es aproximarnos más de cerca a un entendimiento verdadero de los fenómenos naturales mediante la eliminación de errores en nuestras hipótesis. Es de la mayor importancia para los científicos que aparezcan ante el público como lo que realmente son: *humildes buscadores de la verdad*».

En cambio, la inmodestia suele ir unida a la ignorancia. La suficiencia con que algunos hablan se presenta como una actitud muy poco científica, pues los científicos sensatos nunca dan categoría de dogma a sus hipótesis.

El cientificismo altivo ha hecho siempre muy flaco servicio al rigor de la verdadera ciencia.

¿Científicos pontificando sobre filosofía?

Los científicos sensatos –además de vigilarse a sí mismos para no convertirse en personajes dogmatizantes– procuran basar siempre sus afirmaciones científicas en comprobaciones que sigan con rigor el método científico. Así se guardan de imponer como científicas afirmaciones que, en el fondo, se apoyan más bien en razones de orden filosófico.

—Me imagino que, si son científicos, lo que digan estará basado en el método científico, que es el que conocen, ¿no?

Ciertamente, la mayoría de los científicos así lo hacen, y con gran honestidad. Pero hay algunos que son menos honrados en sus afirmaciones, aunque a veces –para desprestigio de la verdadera ciencia– sean más conocidos en los medios de comunicación. Son personajes que tienen una cierta habilidad para saltar furtivamente al vecino campo de la filosofía. Y no hay que extrañarse de que esto suceda, pues ya decía Einstein que todo investigador científico es una especie de metafísico oculto, por muy positivista que se crea.

—Pero tienen todo el derecho del mundo a hacer filosofía si les apetece, ¿no?

Por supuesto. Ni las ciencias especulativas ni las experimentales entienden de exclusivismos. Están abiertas a todos. Pero en todas debe exigirse que se cumplan las reglas y el método propios de la ciencia en la que se está trabajando. No es legítimo que pretendan imponer especulaciones filosóficas en nombre del método científico.

Si alguien, como científico experimental, hace una afirmación científica, debe aportar datos empíricos que avalen esa afirmación. Si la afirmación no es experimental, sino especulativa, debe aportar las razones necesarias conforme a las normas del buen hacer filosófico. Pero no goza de ningún privilegio en ese campo, por muy buen científico que sea. Lo que no sería lícito es que hiciera conjeturas de razón y las presentara como demostradas experimentalmente. Y eso es lo que hacen algunas personas, que, de un sigiloso salto, se cuelan de rondón en campo ajeno y hablan desde allí queriendo hacernos ver que hablan desde otro sitio.

—O sea, es como un regate al método científico.

Exacto. Y no es que lo hagan continuamente. Lo hacen solo algunos, y solo en algunas ocasiones, y a veces inadvertidamente incluso para ellos mismos. Lo malo es que suelen moverse torpemente en el campo de la filosofía, y pasan por él como caballo por cacharrería, haciendo conjeturas filosóficas sumamente curiosas.

—De todas formas, tampoco es malo hacer conjeturas de vez en cuando. No vamos a estar siempre limitados a lo estrictamente demostrado.

Por supuesto, pero entonces hay que distinguir bien entre las conjeturas y las afirmaciones de la ciencia. Igual que, por ejemplo, un principio ético elemental exige a los profesionales de los medios de comunicación distinguir lo que es propiamente la noticia de lo que es su opinión sobre esa noticia, los científicos están obligados a hacer también esa diferenciación entre lo que han comprobado científicamente y lo que es una especulación de su pensamiento.

¿Desaparecerá la fe al madurar la sociedad?

Cuenta López Quintás en uno de sus libros cómo un día, al atardecer, después de visitar la catedral de *Notre-Dame*, mientras callejeaba por el viejo París, se encontró sin querer con un pequeño edificio abandonado, con sus sórdidas ventanas cruzadas por listones de madera. Aquella construcción semirruinosa resultó ser el famoso *Templo de la Nueva Religión de la Ciencia*, que hacía siglo y medio había erigido el filósofo francés Augusto Comte.

El contraste fue tan brusco como expresivo. El templo con el que se pretendió dar culto al progreso científico se hallaba arrumbado. La vieja catedral, en cambio, lucía sus mejores galas, como en sus grandes tiempos medievales. La música se acompasaba en ella con la armonía de los órdenes arquitectónicos, con el buen decir de los oradores, con el magnífico juego litúrgico que un día navideño había conmovido años atrás al gran poeta Claudel hasta llevarlo a la conversión.

La historia de aquel templo olvidado está emparentada con la de la Ilustración, que en su día se alzó con la ilusión de «despojar al hombre de las irracionales cadenas de las creencias y saberes supersticiosos basados en la autoridad y las costumbres». El pensamiento ilustrado de la *Enciclopedia* consideraba los conocimientos religiosos como «simples e ingenuas explicaciones de la vida dadas por el hombre no científico». Multitud de pensadores, en su aversión a la fe, se complacían en dar al sentimiento religioso el origen más bajo posible. Se figuraban a nuestros antepasados como «seres perpetuamente atemorizados, empeñados en conjurar las fuerzas hostiles del cielo y de la tierra mediante prácticas irracionales». Veían a Dios como un simple «producto del miedo de las civilizaciones primitivas, cuando todavía la fábula tenía cabida en esos espíritus atrasados».

Se sentían llamados a «liberar a toda la humanidad de aquel lamentable estado de ignorancia». La fe acabaría por desaparecer a medida que la sociedad fuera madurando: «La *diosa Razón* arrinconaría esa ignorancia, iluminaría el camino, y dirigiría con mano segura los destinos de la Humanidad».

Pensaban que la tendencia a buscar en los dioses una razón de existir pertenecía a un estado primitivo de la vida humana, que daría paso al pensamiento filosófico, y, más adelante, acabaría por ceder su puesto al conocimiento científico, que otorgaría al hombre su primacía absoluta en el universo y le situaría en su mayoría de edad.

Esta teoría de Comte sobre la evolución humana a través de los tres estados –religiosidad, pensamiento filosófico y conocimiento científico– gozó en su tiempo de una gran acogida, y en su honor se erigió aquel templo dedicado a la «Nueva Religión de la Ciencia».

—Es curioso que la ciencia tomara esa representación religiosa, ¿no?

Fue efectivamente un curioso fenómeno de sustitución. El hombre, fascinado por la ciencia, la eleva hasta ocupar el lugar de lo sagrado. Pero no era un simple conflicto entre ciencia y fe. De hecho, entronizar a una guapa muchacha parisiense en la catedral de *Notre-Dame* –como hicieron–, dándole el título de *diosa Razón*, no parece que formara parte de las ciencias experimentales. Detrás de todo aquello latía el empeño ateo de proclamar la salvación de la humanidad por sí misma, y la llegada de una sociedad iluminada por solo la razón humana.

Han pasado menos de dos siglos, y el estado de abandono en que se encuentra hoy aquel templo laico es quizá un fiel reflejo del abandono de aquella concepción de hombre que tanta fuerza tuvo en esa época. Aquella ilusión según la cual el advenimiento de la era científica permitiría eliminar el mal del mundo ha venido a resultar un doloroso engaño. Sus hipótesis resultaron estar preñadas de más ingenuidad que la que ellos achacaban a las épocas históricas anteriores.

¿Quién protege al hombre de su tendencia al mal?

El combate que el hombre libra contra el mal excede infinitamente los medios de la sola razón. Puede demostrarse en hechos tan actuales como el racismo, la droga o el alcohol. O en todos esos horribles crímenes cometidos por totalitarismos ateos sistemáticos a lo largo del siglo XX: desde el genocidio nazi de Hitler hasta el de Pol Pot en Camboya, pasando por los del leninismo, del stalinismo o del maoísmo.

Lo peor es que la mayor parte de esos crímenes masivos se cometieron en nombre de teorías que en su momento recibieron el aplauso de millones de personas. Fueron auténticos infiernos fabricados por unos hombres que buscaban un mundo que se bastaba a sí mismo y no tenía ya necesidad de Dios.

Y del mismo modo que leyendo a Lenin podía verse que los derechos del individuo no iban a ser respetados en un sistema comunista, estudiando las premisas de la Ilustración aparece bien claro que la Modernidad no cubriría las necesidades globales del ser humano. La razón –ha escrito Luis Racionero– es una condición necesaria pero no suficiente para una sociedad humana justa, solidaria y equilibrada. Para que haya equilibrio en la persona y en la sociedad, se necesita atender, junto con la razón, a la voluntad y a la sensibilidad. La persona y la sociedad deben proponerse buscar lo bueno, lo verdadero y lo bello; y eso supone hablar de voluntad, inteligencia y sentimientos; y a su vez de la ética, la ciencia y el arte. Cuando se idolatra un método de la inteligencia, como es la razón, sin encumbrar a su altura la ética y la estética, se desequilibra al individuo y la sociedad. Ese ha sido el fracaso de la Ilustración.

Fracasó por creer que de la razón se deriva automáticamente la ética, lo cual se ha demostrado falso al contrastarse con la realidad. La razón no puede ser salvada por la razón. Eso sería ilusorio. Esos crímenes han demostrado lo que puede llegar a hacer el hombre. Y hemos visto cómo la razón no ha impedido nada.

Los ilustrados creían que mostrando al hombre

lo razonable, este lo adoptaría, y la razón sería suficiente para organizar la sociedad. Pero no ha sido así.

No basta con proclamar lo razonable para que los hombres lo practiquen.

El comportamiento humano está lleno de sombras y de matices ajenos a la razón, que campan por sus respetos moviendo resortes de la voluntad y el corazón. Es salvar el honor de la razón –asegura Jean-Marie Lustiger– reconocer los peligros que encierra. La razón está en los hombres concretos, y está por tanto sujeta a errores. Puede ofuscarse, puede llegar al extravío, incluso a la perversión. Concebir la razón como la gran soberana, independiente del bien que debe buscar el hombre, es quizá como ponerse en manos de un ordenador: es un instrumento muy capaz, procesa gran cantidad de datos que toma del exterior, todo su desarrollo es perfectamente lógico, pero alguien tiene que asegurar que está bien programado.

La verdadera fe
es una guía insustituible,
pues la razón puede extraviarse.

No quiero con esto menospreciar la razón, sino al contrario. La razón es una de las más nobles capacidades que distinguen a la especie humana, y nos alegra ver sus triunfos, y las conquistas de la ciencia, y su lucha por construir un mundo mejor. Pero conviene recordar siempre la limitación humana, así como el orden natural impuesto por Dios, que permite al hombre preservar su dignidad y evitar muchos errores.

La historia está llena –en expresión de Aquilino Polaino– de cadáveres ideológicos, y a nadie le extraña encontrarlos perfectamente alineados cuando vuelve la vista atrás para aprender de la historia. Y entre ellos, salpicados a lo largo de los siglos, puede verse a toda una legión de profetas que han ido asegurando –sobre todo en los últimos doscientos años– la pronta y definitiva desaparición de la religión y de la Iglesia.

Sin embargo, la historia muestra que son precisamente los que con tanta pasión hacen esas condenas y esas profecías quienes desaparecen uno tras otro, mientras la Iglesia continúa adelante después de dos mil años, y la religiosidad sigue siendo una constante en todas las civilizaciones de todos los tiempos.

La Iglesia, que ha presenciado catástrofes que barrieron imperios enteros, atestigua con su mera subsistencia la fuerza que late en ella. «Los pueblos pasan –observaba Napoléon–, los tronos y las dinastías se derrumban, pero la Iglesia permanece». Algo que hace sospechar que el hecho religioso forma parte de la naturaleza del hombre, y que la Iglesia está alentada por un espíritu que no es de origen humano.

El escándalo del universo
no es el sufrimiento
sino la libertad.

Georges Bernanos

El enigma del dolor

¿Quién es el culpable del dolor?

El dolor es una realidad que nos encontramos por todas partes. Que afecta a unos y a otros, a los buenos y a los malos, a los menos buenos y a los menos malos.

—Pero Dios podría haber creado el mundo de otra manera, y que todos fuéramos buenos, y nadie tuviera la posibilidad de hacer el mal.

Supongo que comprenderás que eso es bastante poco compatible con la libertad humana. Si el hombre es un ser libre, hay que contar con la posibilidad de que emplee mal esa libertad, y de que exista, por tanto, el mal en el mundo.

—Pero Dios sabe lo que va a pasar, antes de que suceda. Si ya lo tiene previsto, no somos entonces muy libres.

Una cosa es el conocimiento de algo que va a suceder y otra es la responsabilidad de hacerlo. Si yo me asomo a la calle y veo a una persona tirar a otra por la ventana de un quinto piso, sé que se estampará contra la acera, pero saberlo no quiere decir que yo sea el responsable. Dios tampoco. Lo será, en todo caso, el que le haya empujado.

Y si veo en diferido un partido de fútbol previamente grabado en vídeo, por el hecho de saber cuál es el resultado final del encuentro no quito a los jugadores la libertad de jugar al fútbol tranquilamente. Algo semejante sucede cuando decimos que Dios sabe lo que va a pasar. No por eso coarta nuestra libertad.

—Pero si Dios es omnipotente, ¿no podría haber hecho compatible la libertad con un mundo bueno? ¿No es capaz Dios de hacer cualquier cosa?

Ser omnipotente significa tener poder para realizar todo aquello que sea intrínsecamente posible. Pero ya sabes que no todo es intrínsecamente posible.

Dios puede sin ninguna dificultad
hacer milagros,
pero no puede hacer disparates.

Y esto no es imponer límites a su poder. Para demostrar que todas las cosas son posibles para Dios, no podemos pretender que haga algo que es intrínsecamente contradictorio (que un círculo fuera cuadrado, por ejemplo). Porque eso, si fuera posible hacerlo –que no lo es–, no demostraría ninguna potencialidad.

Quizá podríamos imaginar un mundo –te respondo glosando ideas de C. S. Lewis– en el que Dios corrigiese a cada momento los resultados de los abusos de la libertad de los hombres, obligando a que todos sus actos fueran «buenos» en el sentido que tú dices.

Entonces, el palo tendría que volverse blando cuando quisiera usarse para golpear a alguien. El cañón de la escopeta se haría un nudo cuando fuera a ser utilizada para el mal. El aire se negaría a transportar las ondas sonoras de la mentira. Los malos pensamientos del malhechor quedarían anulados porque la masa cerebral se negaría a cumplir su función durante ese tiempo. Y así sucesivamente.

Comprenderás que si Dios tuviera que evitar cada uno de esos actos malos, este mundo sería algo realmente grotesco. Desde luego, toda la materia situada en las proximidades de una persona malvada estaría sujeta a impredecibles alteraciones, sería un auténtico *show*.

Se harían imposibles los actos malos, es verdad, pero la libertad humana quedaría anulada. Dios puede modificar las leyes de la naturaleza y producir milagros –y de hecho a veces lo hace–, y eso es algo ciertamente razonable, pero el concepto de mundo normal exige que tales milagros sean algo poco habitual.

Podemos compararlo a una partida de ajedrez. Puedes, si quieres, hacer algunas concesiones a tu adversario inexperto sin alterar mucho el juego. Puedes darle ventaja cediendo unas piezas al comienzo. Puedes incluso dejarle rectificar un error en algún movimiento. Pero si le concedes todo lo que le conviene todas las veces, si le dejas rectificar y volver atrás en todas las jugadas, entonces..., entonces no estás jugando al ajedrez. Sería otra cosa distinta.

Pues algo así ocurre con la vida de los hombres en este mundo. Si tratas de excluir la posibilidad del mal y del sufrimiento, te encontrarías con que has excluido la libertad misma. Si intentáramos ir *corrigiendo* a cada momento la Creación, como si este o aquel elemento pudiesen ser eliminados, cada vez nos daríamos más cuenta de que no es posible lograrlo sin desnaturalizarla. El devenir del mundo trae consigo, junto con la aparición de ciertos seres, la desaparición de otros; junto con lo más perfecto, lo menos perfecto; junto con las construcciones de la naturaleza, también las destrucciones; y junto con el bien existe también el mal.

¿Por qué el mal se ceba en los hombres buenos?

—¿Y no podría Dios, al menos, hacer que las desgracias afectaran menos a los hombres buenos? A veces parece como si se ensañaran con quienes menos las merecen.

Entonces, cuando hubiera un accidente, Dios tendría que enviar un ángel para poner a salvo de forma extraordinaria a los viajeros virtuosos.

Y si una helada destruyera una cosecha, otro ángel tendría que ir para proteger las parcelas del hombre bueno para que así no le afectaran los fríos.

Y si se tratara de una inundación, entonces tendría que contener las aguas, como en el paso del Mar Rojo, antes de que destruyeran la vivienda de la familia honrada. Y volveríamos a lo mismo de antes.

El mundo está sometido a ciertas leyes generales que Dios no suspende sino de vez en cuando, y esas leyes, por lo general, afectan sin distinción a todos. Ya sabemos que lo que va bien a los corderos, va mal a los lobos, y viceversa. Pero no sería sensato que unos u otros exigieran a Dios milagros continuos que perturbasen incesantemente el orden regular del universo.

—Pero entonces parece que los *hombres buenos* siempre salen perdiendo, porque se privan de las ventajas ilícitas que tienen los malos, y en cambio sufren igual que ellos las desgracias naturales.

Pero, a pesar de todo, los hombres virtuosos son mucho más felices, aun en la tierra, que los viciosos y malvados. Quien se desvía de la moral, obtiene quizá una satisfacción inmediata, pero es siempre una felicidad efímera, cimentada sobre el egoísmo, y que va poco a poco labrando su propia ruina. Y una ruina que no vendrá solo en la otra vida, sino también ya en esta.

—Pues a veces se ve a los *pecadores* bastante felices. Al menos, eso aparentan. No parece que siempre sea tan cierto aquello de que el mal produce tristeza y el bien alegría.

Es cierto, pero hay que matizarlo un poco. A veces, efectivamente, nos da la impresión de que es al revés -señala José Luis Martín Descalzo–, porque no siempre vemos tristes a los *pecadores*, sino que casi parecen más bien rebosar de satisfacción, como si hubieran encontrado su plenitud en el ejercicio del mal. Vemos que la apuesta humana por el bien lleva a la alegría, pero más bien a largo plazo, cuando se ha conseguido una cierta madurez en el alma. Lo vemos como una idea profundamente cierta, pero paradójica y a veces casi insoportable. Porque el hombre honrado sufre. Y en alguna ocasión podemos incluso sentir algo parecido a *envidia* de esos personajes inmorales que parecen los triunfadores de este mundo. Pero no debemos engañarnos.

***A veces,
el hombre parece poder
convivir sin problemas con el mal,
pero no es así.***

Tarde o temprano advierte que el mal ha entrado muy hondo en él, y que se ha hecho fuerte ahí dentro. Quizá se ha afincado en una zona muy íntima de su ser, y su corrupción no se percibe con claridad desde fuera, pero sin duda está allí.

El bien resulta costoso en términos de esfuerzo, pero es una buena inversión. El mal, en cambio, se compra muy barato. Incluso es agradable en la superficie del alma. Pero, antes o después, acaba por hipotecar la vida.

La apuesta humana por el mal, aunque sea una apuesta pequeña, viene siempre acompañada de toda una amalgama de sinsabores, de pesares inconfesables y vergonzantes. ¿Qué idea podemos formarnos de la felicidad de esos hombres, que estarán rendidos por sus propios sufrimientos interiores, por su vida llena de temores y sobresaltos, de recelos, de tortuosidades, de ambiciones que se alimentan de intrigas y de bajezas?

La dicha está en el corazón, y va unida al bien. Por eso, quien deja anidar al mal en su corazón, será una persona infeliz, sean cuales fueren las apariencias de éxito y ventura de las que se encuentre rodeado.

El vicio introduce siempre un trastorno de la armonía del hombre, aunque en su inicio parezca quizá inocuo.

El vicio somete a su vasallaje a la razón y la voluntad. Y cuando lo ha conseguido, atormenta a su pobre sometido con el pensamiento de la muerte, donde no espera ni puede esperar ningún consuelo, y donde teme encontrar el castigo de sus desórdenes.

Es cierto que las claudicaciones morales pueden proporcionarnos placer, dinero, poder, o muchas otras cosas. Pero el coste humano que debe pagarse en la propia carne es siempre muy alto. Al abrir las puertas del alma al mal, lo que este nos otorga ya no nos pertenecerá, pues seremos esclavos de aquello a lo que nos entregamos.

¿Por qué Dios no nos ha hecho mejores?

—Hay mucha gente que dice que no logra entender por qué Dios consiente que tantos inocentes sufran. Que por qué media humani-

dad pasa hambre. Que por qué Dios no arregla este mundo, y que por qué no lo hace de una vez, ya.

No parece serio echar a Dios la culpa de todo lo que se nos antoja que no va bien en este mundo. «Son los hombres –decía C. S. Lewis–, y no Dios, quienes han producido los instrumentos de tortura, los látigos, las prisiones, la esclavitud, los cañones, las bayonetas y las bombas. Debido a la avaricia o a la estupidez humana, y no a causa de la mezquindad de la naturaleza, sufrimos pobreza y agotador trabajo».

En muchas de esas quejas que lanzan algunas gentes contra Dios, hay una lamentable confusión. Consideran a Dios como un extraño personaje al que cargan con la obligación de resolver todo lo que los hombres hemos hecho mal, y, si es posible, incluso antes de que lo hubiéramos hecho. Es como una rebelión ingenua ante la existencia del mal, una negativa a aceptar la libertad humana. Y, como consecuencia de ambas cosas, un cómodo echar a Dios culpas que son solo nuestras.

En vez de sentirse avergonzados, por ejemplo, por no hacer casi nada por los millones de personas que cada año mueren de hambre, se contentan –es bastante cómodo, realmente– con echar a Dios la culpa de lo que, en gran medida, no es otra cosa que una gran falta de solidaridad de quienes poblamos el mundo desarrollado. ¿Tendremos que pasarnos la vida –se preguntaba Martín Descalzo– exigiendo a Dios que baje a tapar los agujeros que a diario producen nuestras injusticias? Cuando tendríamos que preocuparnos de resolver esa asombrosa situación por la que unos no logran dar salida a sus excedentes alimentarios mientras que otros se mueren de inanición, y cuando parece que la mitad de la humanidad pasa hambre y la otra mitad está con un régimen bajo en calorías para adelgazar, es una pena que lo único que se les ocurra –en vez de trabajar más, o ser más solidarios, de una forma o de otra– sea echar en cara a Dios que el mundo (en el que suelen olvidar incluirse, curiosamente) es horrible.

No somos simples accidentes de la bioquímica o de la historia, a la deriva en el cosmos. Podemos, como hombres y mujeres con responsabilidad moral, convertirnos en protagonistas, no en meros objetos o víctimas del drama de la vida.

—¿Pero cómo es que permite tanta persistencia nuestra en el mal? ¿Por qué Dios no nos cambia, y nos hace efectivamente más solidarios?

La bondad humana es el resultado libre del esfuerzo de quien, pudiendo ser malo, no lo es. Y Dios ha dado al hombre un infinito potencial de bondad, pero también ha respetado la libertad de ese hombre –como hace, por ejemplo, cualquier padre sensato al educar a su hijo–, y ha aceptado el riesgo de nuestra equivocación.

No es muy serio decir que Dios tiene que cambiarnos, cuando cambiar es el primero de nuestros deberes. Si Dios nos hubiera hecho incapaces de ser malos, ya no seríamos buenos en absoluto, puesto que seríamos marionetas obligadas a la bondad.

—Pero se ven tantos errores en el mundo, tantas calamidades, tanto egoísmo, tantas lamentables aberraciones y tan difíciles de explicar...

La respuesta cristiana a esto es clara: los desequilibrios que fatigan al mundo están conectados con ese otro desequilibrio fundamental que hunde sus raíces en el corazón humano, que sumerge en tinieblas el entendimiento y lleva a la corrupción de la voluntad. Esta es la clave para descifrar el enigma.

El verdadero mal proviene del interior del hombre, radica en una escisión que tiene su origen en el pecado. Igual que hay una experiencia clara de la existencia de la libertad, la hay también de que la libertad está herida, así como del mal que el hombre puede ser capaz de hacer.

Las situaciones de injusticia social proceden de la acumulación de injusticias personales de quienes la favorecen, o de quienes pudiendo evitar o limitar ciertos males sociales, no lo hacen.

Los que se eximen de culpa personal para pasársela toda a las estructuras del mal, niegan al hombre su capacidad de culpa, y niegan por tanto su libertad y su responsabilidad personales, y disminuyen su propia dignidad. Los verdaderos creyentes, en cambio, se sienten responsables. Y cuanto más acentuado sea el sentido de responsabilidad de una persona, tanto menos buscará excusas y tanto más se examinará a sí mismo –sin absurdos complejos de culpabilidad–, para mejorar él y ayudar a mejorar a los que le rodean.

—Pero arreglar un poco este mundo se ve como una labor muy a largo plazo, con un final lejano...

Si algo resulta muy necesario, y además tardará en llegar, es entonces también muy urgente. Como dijo aquel mariscal francés al tomar posesión de su cargo: *si estos árboles van a tardar veinte años en dar sombra, hay que plantarlos hoy mismo*.

No es bueno
que todo suceda como deseamos.

Jacques Bossuet

El enigma de la creación

¿«Enseñar» a crear a Dios?

«Solo veo dos opciones posibles: o Dios no existe y el mundo es desesperante y absurdo; o bien Dios existe, pero nos ha dejado abandonados a nuestra suerte.

»Pero no pretendas decirme que Dios es bueno y todopoderoso, si permite semejantes injusticias. Dios tendría que haber hecho el mundo de otra manera».

Así hablaba una persona afligida por una grave injusticia profesional que no había sabido encajar.

Siempre me ha parecido que hay que ser muy comprensivos ante este tipo de reacciones. Son situaciones que ponen a prueba la categoría humana de cada uno, y no sabemos cómo lo llevaríamos nosotros (es mejor no ser presuntuosos).

Pero la solución no es pensar que lo haríamos nosotros mejor que Dios si contáramos con su omnipotencia. Es una idea que quizá provenga de esa vocación oculta de dictadores que todos llevamos dentro. ¿A quién no le encantaría ser Dios durante un ratillo para dirigir mejor la libertad humana, con la seguridad de organizar el mundo mucho mejor de lo que lo hizo el auténtico Dios...?

De todas formas, personalmente agradezco que haya sido Dios quien organizara el mundo. Porque quién sabe cuántas tonterías impondrían con su capricho quienes pretenden dar lecciones a Dios sobre cuál debe ser la mejor solución para cada uno de los movimientos de la historia de los hombres.

Es verdad que a veces resulta difícil ahondar en el profundo enigma de la existencia del mal en el mundo. No siempre es fácil comprender cómo se compagina el sufrimiento propio o ajeno con la bondad de Dios.

A veces la confusión proviene del concepto de bondad que aplicamos a Dios. Probablemente cuando éramos jóvenes nos molestaba que nuestros padres nos prohibieran hacer algunas cosas o nos obligaran a otras. O que aquel profesor fuera tan exigente y nos hiciera trabajar tanto. Y quizá entonces veíamos todo eso como la imposición de unos dictadores injustos, y nos rebelábamos ante lo que no entendíamos.

Sin embargo, ahora, que ha pasado el tiempo, comprendemos mejor por qué lo hacían, al menos en bastantes de esas cosas. Comprendemos que el amor de los padres por sus hijos, o el desvelo de un buen profesor por sus alumnos, necesita de la corrección y de la exigencia. Y que la educación en la libertad no impide la posibilidad de sufrir injusticias, ni excluye de modo absoluto el sufrimiento.

Una educación basada en consentirlo todo y resguardar de todo, sería una pésima educación. Un padre temeroso que anulara la libertad de su hijo para impedir que pueda hacer o recibir cualquier daño, sería el más engañoso símbolo de la bondad y la paternidad. Y ese profesor con el que no hacíamos nada útil en todo el curso –y al que quizá entonces *apreciábamos* mucho por eso–, es un pésimo profesor.

Volviendo al origen de nuestra comparación, podemos decir que las personas que se desesperan cuando Dios permite que suframos cualquier inconveniente, son –de algún modo– como los niños que se impacientan y patalean cuando las decisiones movidas por el cariño de las personas que les aprecian no coinciden exactamente con sus gustos y preferencias. En el fondo de sus mentes, desean un Dios que fuera algo parecido a lo que representa una benevolencia complaciente y senil para un niño mimado. Quisieran que el mundo fuera una suerte de *Disneylandia*, o como un bucólico paseo por un parque en un día de primavera. Y si no, para algunos, esa es su más sólida justificación para asegurar que Dios no existe.

Hacer compatible el sufrimiento humano con la existencia de un Dios que nos ama, es un problema insoluble si consideramos un significado trivial de la palabra amor. Aproximadamente igual de insoluble que la perplejidad del niño que se rebela, y que dice que su madre no le quiere, porque le hace tomar una medicina que no le gusta, pero que le va a curar. Es cuestión de que pase el tiempo, tenga una visión más completa de las cosas, y entonces irá comprendiendo mejor la esencia de lo que verdaderamente es el amor de los padres.

Además, nadie ha logrado resguardar a sus hijos hasta del más pequeño sufrimiento. Entre otras cosas porque implicaría negar la capacidad de gozar, que, en esta tierra, es básicamente una capacidad que sentimos por contraste.

—¿Por contraste?

Sí. Es como si uno quisiera perder el sentido del tacto en la piel para así no notar el frío o el calor: tampoco entonces podría sentir el bienestar de una temperatura agradable. O como si alguien quisiera acabar totalmente con la oscuridad y que todo fuera luz: desaparecería el contraste visual y, con él, los contornos y el color: quedaría como ciego.

¿Por qué Dios permite el mal ?

Un individuo desaliñado y sucio se puso en pie, en medio de un bullicioso grupo de personas que escuchaba a un predicador en Hyde Park. Se dirigió al orador y, con potente voz, le planteó una pregunta que era más bien un grito de indignación: «¡Usted dice que Dios vino al mundo hace ya dos mil años... ¿Cómo es posible entonces que el mundo continúe lleno de ladrones, adúlteros y asesinos?!».

Se hizo un silencio muy grande. A todos los presentes les pareció que era una objeción incontestable. Sin embargo, el predicador le miró serenamente y contestó: «Tiene usted toda la razón. Pero también existe el agua desde hace millones de años...; y, sin embargo..., ¡fíjese cómo va usted de sucio!».

Igual que aquel individuo podía aprovecharse o no de las benéficas posibilidades higiénicas del agua, los hombres tenemos la posibilidad de usar bien o mal de nuestra libertad. Pero esa decisión será responsabilidad nuestra, no de Dios.

Dios fue el primero en «apostar» por el hombre, el primero en querer «correr el riesgo» de nuestra libertad.

Y hasta el punto de permitir que el hombre pueda emplear esa libertad precisamente para oponerse a su creador.

—¿Y no habría sido mejor, entonces, que no naciéramos libres?

Hombre, no sé qué decirte. Para la mayoría de los mortales, la libertad ha sido siempre algo muy grande, quizá lo último en que se pensara renunciar. La libertad es, según el decir de Cervantes, *uno de los más preciosos dones que a los hombres dieron los cielos; con ella no pueden igualarse los tesoros que encierran la tierra y el mar: por la libertad, así como por la honra, se puede y debe aventurar la vida*.

Dios pudo haber creado una humanidad de individuos solo capaces de hacer el bien. Pero antes que un conjunto de bondadosos imbéciles prefirió crear un mundo de hombres dotados de libertad, que en virtud de su ejercicio pueden hacer el bien o el mal.

No podemos evadirnos de la libertad. La solución es que procuremos ser mejores, y, de paso, que procuremos ayudar a los demás a que lo sean también. Es lo más práctico y eficaz. Pensar fundamentalmente en mejorar uno mismo y en mejorar cada uno su entorno. Porque, como dice aquel proverbio ruso, *si cada uno barriera delante de su puerta, estaría muy limpia la ciudad.*

—Pero... ¿y Dios? ¿Él no tiene nada que hacer?

Claro, y ya lo ha hecho. Nos ha hecho a ti y a mí, y a todos los demás, para que luchemos por el bien. Procura hacer, por tu parte, todo el bien que puedas. Intenta que quienes te rodean comprendan que vale la pena luchar por mejorar el mundo. Pero demuéstraselo con tu vida, respetando su libertad como Dios hace con nosotros. Y no echemos a Dios las culpas que solo son nuestras. Sería demasiado cómodo..., y demasiado injusto.

¿Qué sentido tiene el dolor?

«Tanto la pierna izquierda como la espalda me duelen casi continuamente.

»Y después de treinta años, aún no me he acostumbrado a ello. No obstante, cada día le doy gracias a Dios precisamente por ese dolor, que a veces me deja totalmente agotada.

»A lo largo de los años, al rezar sobre mi dolor, que a veces puede llegar a ser tan severo como para obligarme a pedirle a Dios que lo alivie, me he sentido transportada a otra dimensión, en la que impera la paz.

»¿Podría haberla alcanzado sin esos años de dolor? Jamás lo sabré, pero a mí solo se me abrió después de cruzar la barrera del dolor».

Traigo aquí el testimonio de una mujer norteamericana que da una explicación muy personal, hecha con su propia vida en medio de la enfermedad, de cómo Dios permite nuestro sufrimiento porque tiene con él un propósito.

El sufrimiento es casi siempre difícil de aceptar, y quizá ha de transcurrir el tiempo, a veces muchos años, hasta descubrir lo positivo de todo aquello. Hasta encontrar una razón en lo que ahora no vemos quizá más que algo terrible y absurdo.

No suele entenderse bien el sufrimiento en el momento mismo en que llega. Sucede algo parecido a lo que comprobamos cada mañana a la hora de salir de la cama. Cuando suena el despertador –y siempre parece que se adelanta a su hora–, la gran mayoría de las personas está en muy malas condiciones para meditar sobre las razones por las que ha de superar la pereza y levantarse. Si uno se descuida, puede –contra toda lógica y a costa de atropellar sus obligaciones– arrebujarse entre las mantas durante diez o veinte minutos suplementarios, o muchos más, totalmente autoconvencido de que ayer ajustó mal el despertador, o persuadido de que anoche tardó mucho en dormirse, o de que ha tenido una noche muy mala, mientras piensa que esos minutillos de sueño aliviarán sin duda el dolorcillo de garganta que amenaza..., probablemente más en la imaginación que en la propia garganta. Es verdad que algo se sufre al levantarse, pero a los pocos minutos uno suele ya ver en su debida perspectiva el acierto de haber afrontado ese *sufrimiento* y haber saltado de la cama. Lo normal es que tenga que pasar un poco de tiempo hasta encontrar sentido a cualquier sufrimiento. Lo raro sería que uno se despertara todos los días fresco como una rosa.

El dolor siempre tiene algo que decirnos. «El verdadero dolor –decía Dostoievski–, el que nos hace sufrir profundamente, hace a veces serio y constante hasta al hombre irreflexivo; incluso los pobres de espíritu se vuelven más inteligentes después de un gran dolor»

El sufrimiento une a las personas,
las abre a la compasión,
y las hace volverse en busca
de las causas de las cosas.

Las hace más compresivas, más sensibles a la pena y a la soledad de otros. Es quizá uno de los principales ingredientes de la maduración afectiva de las personas. Por eso decía Tommaseo que *el hombre a quien el dolor no educó, siempre será un niño*.

El problema del mal
no es otra cosa,
en gran parte,
que el problema de la libertad.
Nikolai Berdaiev

El enigma del mal

¿No es el mal una crueldad de Dios?

—Hay gente que dice que no cree porque en el mundo suceden cosas que les parecen una auténtica crueldad divina.

No deja de ser un curioso razonamiento: Dios es cruel, luego Dios no existe; no comprendo por qué Dios permite eso, luego no hay Dios; no me gusta que suceda esto, luego no le concedo el derecho a existir.

No parece una lógica demasiado clara. Salvando las distancias, sería como decir: yo estoy sufriendo; si mi madre realmente me quisiera, no me habría traído a este mundo cruel; *ergo*... mi madre no existe.

Me parece una postura más razonable tratar de comprender por qué Dios, siendo infinitamente bueno, permite que exista el mal.

Dios es necesariamente bueno (si no, no sería Dios), y por tanto tuvo que crear un mundo bueno. El mal es algo real –dramáticamente real–, pero no es metafísicamente necesario, sino una realidad contingente: el mal es la ausencia del bien debido, aquello que no debería haber sido, y que, por tanto, en el origen de los tiempos no existió.

Por otra parte, si hablamos del bien debido es porque hay un orden (si no, ¿qué es el mal y qué el bien?), y si hay un orden será porque hay un principio ordenador, que difícilmente puede explicarse sin Dios.

La situación presente del mundo, ostensiblemente marcada por el mal, no puede ser considerada como constitutiva de la creación, sino que ha de ser entendida como resultado de una caída, de una herida, de una corrupción que padece el mundo creado. Y tuvo que ser la libertad humana quien introdujo el mal en la creación.

—Supongo que te referirás a lo del pecado original. Pero todo eso de Adán y Eva, y la

manzana, a la gente le suele parecer una fábula, o un mito, y además un tanto infantil.

Lo de la manzana concedo que pueda ser un mito, entre otras cosas porque el *Génesis* habla del *árbol del conocimiento del bien y del mal*, pero en ningún momento habla de manzanas.

El relato del *Génesis* sobre la caída original utiliza en ocasiones un lenguaje de imágenes, pero afirma un acontecimiento real que tuvo lugar al comienzo de la historia del hombre. La creación, tal como salió de las manos de Dios, era íntegra y estaba destinada a la integridad. Todo cuanto ahora la desfigura estaba ausente en la armonía original del mundo, y es precisamente el resultado de la degradación introducida como consecuencia del mal uso de la libertad por parte del hombre.

Partiendo de la existencia de un Dios infinitamente bueno, y de la evidente existencia del mal, el pecado original es la única solución razonable al enigma del mal. Los que pretenden achacar el mal a un destino fatal, ante el que el hombre nada puede hacer, acaban por tener que negar la libertad humana (y no parece serio decir que la libertad no existe). Y los que dicen que el hombre es efectivamente libre, pero que no tiene culpa de la existencia del mal en el mundo, ¿a quién cargan esa culpa? Solo les quedaría explicar la existencia del mal como una eterna lucha entre una divinidad del bien y otra del mal, pero es difícil defender ese viejo maniqueísmo, entre otras cosas, por la intrínseca contradicción que supone pensar que haya dos dioses. Si el mal no puede estar en Dios, ni en el primer instante de la creación, tuvo que surgir de nuestros primeros antecesores en la tierra.

—¿Pero no es injusto que carguemos nosotros con la culpa de Adán?

Comprendo que a primera vista puede parecer injusto, pero es que todos los hombres participamos de esa culpa. La Iglesia afirma que todo el género humano es en Adán como el cuerpo único de un único hombre, y que por esta unidad del género humano, todos los hombres están implicados en el pecado de Adán, como todos están implicados en la salvación de Cristo.

Quizá nos gustaría que hubiera sido de otra manera, pero eso sería meterse a organizadores de la creación, querer hacer el papel de Dios. Algo parecido a los que se quejan de no haber sido hijos de unos padres más buenos o más ricos o más inteligentes. Aparte de que no todo el mundo puede tener unos padres así, el asunto es que nadie escoge ni su fecha ni su lugar de nacimiento, y nadie piensa que eso sea una injusticia: la vida es así.

—Hay otras personas que no niegan a Dios, pero sí dicen que no pueden ni dirigirse a Él después de lo que pasó, por ejemplo, en Auschwitz...

Es una queja que siempre impresiona, por supuesto. Pero podemos fijarnos en el testimonio personal y vivo de personas que lo entendieron más profundamente. Y si hablas de Auschwitz, podemos pensar, por ejemplo, en Maximiliano Kolbe. En medio de los horrores del campo de exterminio, Kolbe da testimonio de una esperanza confiada en Dios, y no solo dando la vida para que otro pueda seguir viviendo, sino también ofreciendo su testimonio para que quienes después fueron condenados a muerte pudieran morir mejor. Tales proezas no son solo testimonio de la grandeza de un hombre, sino también de la presencia de la fuerza de Dios, con cuya ayuda se puede superar cualquier pena o desgracia humanas.

Kolbe supera la mentalidad acusadora contra Dios y se alza en testimonio de valentía y de confianza. Y es Dios quien le libera de las angustiosas presiones de la existencia, del miedo a la muerte, de la sensación del absurdo, en definitiva, del pecado y de sus consecuencias. El dolor, la enfermedad, la injusticia..., son como un anuncio y preludio de la muerte. La interpretación que cada uno haga de todo eso es lo que confiere seriedad y espesor a la vida, lo que más influye en darle sentido.

¿De grandes males, grandes bienes?

La aparente contradicción entre la bondad de Dios y la innegable existencia del mal en el mundo ha llevado a muchas personas a una actitud un tanto trágica. Niegan una realidad compleja porque no logran entenderla totalmente, y acaban en una visión de profundo pesimismo vital ante el escándalo que les produce esa presencia del mal. Algo parecido a la triste resignación de un enfermo que muriera en medio de terribles sufrimientos, negándose a tomar una medicina mientras explica con vehemencia que no comprende cómo una cosa tan simple puede curarle.

Hay una idea que puede contribuir a comprender un poco más este misterio. Si hay una inteligencia divina, ordenadora del universo y omnipotente, ese Dios no permitiría el mal si no fuera a sacar de esos males –reales o aparentes–, grandes bienes.

—¿Cómo puede salir bien del mal...? ¿No es una contradicción?

Hay que pensar, de entrada, que no sabes si ese mal que te ha venido ha podido librarte de otro mal peor y, por tanto, te ha supuesto un bien.

Quizá, por ejemplo, ese pinchazo que te ha impedido llegar a una cita importante y te ha hecho perder una buena oferta de trabajo, a lo mejor ha sido un contratiempo que ha impedido un accidente que habrías tenido en ese trayecto; o te ha librado de inconvenientes en ese puesto de trabajo que tú desconocías; o te ha permitido encontrar luego otro trabajo mejor. Y sin embargo, quizá estés muy enfadado y no veas ninguna lógica en ello, y pienses que se trata de un acto de crueldad por parte de Dios.

Cuando un hombre intenta hacer el bien a su prójimo, hace directamente el bien. En cambio, cuando obra mal, hace directamente ese mal;

pero es un mal que Dios aprovecha para sacar otro bien, según sus planes sapientísimos que tiene trazados desde la eternidad.

Más ejemplos. Piensa en una persona que es habitualmente ruin y egoísta, pero que con ese mal produce un bien en otro compañero que, por reacción ante esa actitud tan desagradable, hace un firme propósito de no caer en esas actitudes. O una empresa que despide injustamente a uno de sus empleados y, sin saberlo, le aleja con eso de un peligro cierto de corrupción en el que estaba a punto de caer. O un conductor temerario que atropella a una persona, y la larga convalecencia sirve para unir a la familia del accidentado.

La vida es misteriosa. ¿Cuántas veces al cerrarse una puerta –que parecía la elegida para nosotros– no se nos abre otra aún mejor? Esas consecuencias buenas de los males, a veces se ven al poco tiempo. En otros casos, tardan más. O no llegamos siquiera a conocerlas nunca. Pero eso no significa que no puedan existir.

Todo esto no quiere decir que el mal deje de serlo, o que deje de tener gravedad, o importancia. El mal existe, y Dios sacará bienes de nuestras maldades, pero no tenemos que ver en esto una excusa para continuar haciéndolas. Cuando, por ejemplo, la Iglesia afirma que la Crucifixión de Jesucristo es el punto central de la Redención de la Humanidad, no dice que por ello la traición de Judas deje de ser un acto malvado. El enfoque cristiano del sufrimiento es compatible con poner gran empeño en nuestro deber de dejar el mundo mejor que como lo hemos encontrado.

¿La fe ayuda a sobrellevar el dolor?

Muchas personas viven en medio de la tristeza y la crispación porque les falta descubrir que tienen alma. Les ayudaría mucho explorar un poco las espesuras de su espíritu, y ponerse en paz con Dios, y atreverse a creer. Y quizá verían entonces la vida con menos dramatismo.

Es muy posible que el alejamiento de Dios sea la gran causa de fondo de su pesimismo.

El dolor puede conducir a una triste rebelión en las personas que no lo quieren aceptar. Sin embargo, el dolor bien entendido es una excelente oportunidad que el hombre tiene para enmendarse. Tomás de Aquino dijo del sufrimiento –así como Aristóteles ya lo había dicho de la vergüenza– que no era una cosa buena en sí misma, pero que, no obstante, podía tener buenos efectos en ciertas circunstancias.

Todos nos habremos admirado alguna vez de la gran altura de espíritu de las personas que sufren serenamente. De aquellos a quienes los años de sufrimiento les han hecho madurar. De aquellos a quienes la enfermedad ha producido tesoros de fortaleza y humildad. Se descubre en todos, al final de su vida, una serie de rasgos que difícilmente habrían surgido si no hubieran sufrido tanto.

Y para quienes son testigos de cualquier experiencia dolorosa bien llevada, el sufrimiento es también una escuela de grandes enseñanzas: tanto por el ejemplo de aceptación serena, como por la compasión que despierta en otros y los actos de misericordia a los que conduce, o por esa visión más trascendente de la vida que viene a presentarnos. El sufrimiento, las inquietudes y turbaciones que Dios permite que nos lleguen, pueden ser a veces una excelente advertencia acerca de una insuficiencia de la vida en la tierra, como un aviso que nos recuerda que no confiemos en las fuentes pasajeras de la felicidad.

La vida de todos los hombres tiene unas cosas buenas y otras menos buenas. Y no podemos pretender que, por tener fe, nuestra vida tenga que ser como una balsa de aceite, o como con la felicidad de un cuento de hadas, o de un perpetuo descanso físico, psíquico y afectivo. No podemos pretender que los problemas tengan que desaparecer por sí solos por el hecho de creer en Dios. O que los dolores de cabeza deban convertirse en efluvios místicos. O que las preocupaciones tengan también que desvanecerse como por arte de magia. Es verdad que la fe ayuda a afrontar esas situaciones y a estar alegre, pero no las hace desaparecer.

Las personas con fe no dejan de ser personas normales.

Sentido cristiano del sufrimiento

El dolor está presente en el mundo animal. Pero solamente el hombre, cuando sufre, sabe que sufre, y se pregunta entonces por qué. Y sufre de una manera más profunda cuando no encuentra para ese dolor una respuesta satisfactoria. Es una pregunta difícil, casi universal, que ha acompañado al hombre a lo largo de su vida en todas las épocas y lugares, un enigma que se vincula de modo inmediato al del sentido del mal. ¿Por qué el mal? ¿Por qué el mal en el mundo?

En la Antigüedad era bastante corriente pensar que el sufrimiento se abatía sobre el hombre como consecuencia de sus propios malos actos, como castigo del propio pecado personal. Sin embargo, el mensaje cristiano afirma que el sufrimiento es una realidad que está vinculada al mal, y que este no puede separarse de la libertad humana, y, por ella, del pecado original, del trasfondo pecaminoso de las acciones personales de la historia del hombre.

En el sufrimiento está como contenida una particular llamada a la virtud, a perseverar soportando lo que molesta y causa dolor. Haciendo esto, el hombre hace brotar la esperanza, que le mantiene en la convicción de que el sufrimiento no prevalecerá sobre él. Y a medida que busque y encuentre su sentido, hallará una respuesta. A veces se requiere mucho tiempo hasta que esta respuesta comience a ser interiormente perceptible, pero es cierto que el sufrimiento, más que cualquier otra cosa, abre el camino a la transformación de un alma.

En el sufrimiento bien asumido se esconde una particular fuerza que acerca interiormente al hombre a Dios, que le hace hallar como una nueva dimensión de su vida. Un descubrimiento que es, por otra parte, como una confirmación particular de la grandeza espiritual de una persona.

El sufrimiento posee,
a la luz de la fe,
una elocuencia que no pueden captar
quienes no creen.

Es la elocuencia de la alegría que se deriva de verse libre de la sensación de inutilidad del dolor. La fe cristiana, además, lleva consigo la certeza interior de que el hombre que sufre completa lo que falta a los padecimientos de Cristo. Que sus sufrimientos sirven –como los de Cristo– para la salvación de los demás hombres y, por tanto, no solo son útiles a los demás, sino que incluso realiza con ello un servicio insustituible al resto de la humanidad.

—¿Y por qué unos parecen sufrir tanto, y

otros tan poco? ¿No podría Dios hacer que cada uno sufriera proporcionalmente a su capacidad de soportar el dolor?

Pienso que ya lo hace. Cada uno tiene el sufrimiento que es capaz de soportar. Y, por otra parte, ese dolor tiene mucho que enseñarle. Lo que sucede es que no todos lo aceptan igual.

El dolor es una escuela en donde se forman en la misericordia los corazones de los hombres. La familia –y todas las instituciones educativas– deberían esforzarse seriamente por despertar y encauzar esa sensibilidad hacia el prójimo, de modo que –como señala Juan Pablo II– *todo hombre se detenga siempre junto al sufrimiento de otro hombre*, y se conmueva ante su desgracia.

Es necesario cultivar esa sensibilidad del corazón, que testimonia la compasión hacia el que sufre. Una compasión que no será siempre pasiva, sino que procurará proporcionar una ayuda, de cualquier clase que sea y, en la medida de lo posible, eficaz. Una responsabilidad que no debe descargarse solo sobre las instituciones, puesto que, con ser muy importantes e incluso indispensables, ninguna de ellas puede de suyo sustituir a la compasión y la iniciativa humana personal.

La muerte lo mismo llama
a las cabañas de los humildes
que a las torres de los reyes.

Horacio

El enigma de la muerte

Qué hacer con la muerte

Todos hemos visto pasar cerca –cuando no nos ha dado ya de lleno alguna vez– ese dolor tremendo que produce la pérdida de un ser querido. La mayoría de las veces casi no sabemos cómo consolar a esas personas. Les decimos unas palabras, procuramos darles ánimo, pero, al final, casi solo queda acompañarles con nuestro silencio.

Pensamos en su sufrimiento, en el vértigo que quizá sientan. A veces te dicen que su vida ha perdido ya todo su sentido, que no entienden, que no encuentran respuesta, que chocan contra ese misterio de la muerte, que nada les puede consolar.

—Es que a veces no es fácil darles una respuesta...

No es fácil, pero desde la fe hay algunas respuestas. Para quienes tenemos fe, la muerte es una despedida, a un tiempo dolorosa y alegre. Un cambio de casa, de esta de la tierra a la del Cielo. No es que la fe haga desaparecer esa herida como por encanto, sino que la cicatriza por medio de la esperanza, porque sabemos que los muertos no se mueren del todo.

—¿Y los que no creen en nada?

Para quienes la muerte no es más que la ruina biológica definitiva, sin nada detrás, efectivamente la respuesta es difícil. Quizá pudiera ser este un motivo más de credibilidad. La vida sin fe es como una broma cruel que termina un día casi sin avisar.

La vida sin Dios
no sabe qué hacer con la muerte,
no tiene respuesta al miedo a morir,
no cuenta con ninguna palabra
de esperanza que atraviese
el temible silencio de la muerte.

A quienes no tienen fe, la muerte les recuerda desafiante que su forma de entender la vida no tiene para la muerte una explicación satisfactoria. Sin Dios, sin un *más allá*, ¿qué auxilio puedo esperar para la oculta herida abierta en mi corazón por la muerte, por mi egoísmo y el egoísmo de los demás?

Una criatura, antes de nacer, no sabe absolutamente nada de lo que le espera. Les sucede lo mismo a los no creyentes en relación con la muerte: no saben qué les espera. Sin embargo, la madre, como los que tienen fe, ante los dolores –tanto los del parto como los de la muerte– pone su esperanza en la nueva vida.

El hombre no puede atesorar su vida. No puede retenerla. La vida es una hemorragia. La vida se va. ¿Hacia dónde? ¿Hacia el vacío? ¿Hacia la nada? Es inevitable que el hombre se plantee la cuestión de su salvación. De lo contrario, la vida sería como un torrente que inevitablemente nos conduce al abismo. Creer en la salvación es creer que en alguna parte nuestra vida queda recogida.

Si todo se acabase con la muerte, es difícil encontrar sentido incluso al esfuerzo por ser buena persona. Algunos cifran sus afanes en trabajar por un mundo mejor, por lograr que fuera menos malo. Eso está bien, pero sería muy corto reducir nuestras esperanzas a un arreglo más satisfactorio de esta tierra. Todo ese sufrimiento, todo el esfuerzo de una vida, todas esas lágrimas –comenta André Frossard–, toda la sangre que empapa y desborda nuestra historia, ¿no habrían servido entonces más que para construir una ciudad terrena ideal, cuya inauguración se iría aplazando indefinidamente para una fecha posterior?

Qué hacer con el miedo a morir

Quizá recuerdes aquella escena de la partida de ajedrez de la película *El séptimo sello*, de Ingmar Bergman. Es la personificación de la Muerte, que juega con el hombre la partida decisiva.

Así, dramáticamente, como una lucha absurda y fatal contra un destino ciego, plantean algunos hombres su existencia, inmersa en una visión radicalmente triste y angustiosa de la que no logran escapar. Cuando lo natural debiera ser asumir la muerte con serenidad, como una parte real y normal de la propia vida, como una certeza que nos lleva a redoblar nuestro esfuerzo para sacarle mayor partido a los años que nos quedan, esas personas se resisten a pensar en su origen y su destino. Han convertido la muerte en un tabú, en una cosa innombrable.

Hasta ahora,
solo un verdadero sentido de la religión
ha sido capaz de
superar satisfactoriamente
el temor a la muerte.

El miedo a la muerte solo puede quedar contrapesado por la esperanza de una nueva vida. Para el creyente, la muerte es como tomarse una medicina amarga cuando uno está seguro de que con ella recobrará la salud.

—Pero, aun teniendo eso claro, mucha gente tiene miedo a morir. ¿Por qué crees que resulta tan difícil aceptar la vida en el otro mundo?

Es natural tener algo de miedo –o al menos respeto– a la muerte. Pero la muerte es algo natural (entre otras cosas, sería enormemente aburrido levantarse todas las mañanas, lavarse los dientes, vestirse y desayunar, milenio tras milenio...). Podremos controlar nuestro miedo a la muerte cuando comprendamos que nuestra alma, nuestra verdadera esencia, jamás morirá.

Cada minuto en esta vida es un paso a la eternidad, y si esa eternidad es el Cielo, es un paso más hacia una bienaventuranza de dimensión tan extraordinaria que nadie sería capaz de describir. Así lo entendió finalmente –comentaba Martín Descalzo– aquella mujer afligida por el zarpazo de la muerte de unos seres queridos, cuando escuchó dentro de sí una voz que le decía: *Pero..., ¿ese es el modo que tú tienes de agradecer a Dios los padres y el hermano que disfrutaste durante tantos años?* Desde entonces esa señora hace regalos, en cada cumpleaños de los fallecidos, a instituciones de caridad.

Hay una diferencia grande, de modo habitual, en la forma en que se recibe la muerte en familias sin fe y en familias con una verdadera fe. Un radical desgarro en unas, que contrasta con una honda serenidad en las otras. No saben cuánto pierden cuando pierden la fe. Si tuvieran fe –una fe hondamente vivida, se entiende–, en lugar de ver la muerte como el hoyo negro, fatal, donde toda vida humana se derriba y se hunde, como un final dramático de todo, la verían como el nacimiento a una nueva vida, como cuando la mariposa deja la crisálida de la que sale. El alma vive siempre y renace.

La muerte es el máximo enigma de la vida. El hombre sufre con el dolor y la enfermedad, pero el máximo tormento es el temor por la desaparición perpetua.

El hecho de la muerte aparece como un misterio ante el cual la imaginación del hombre sin fe naufraga por completo.

¿Pensar en la muerte?

Los sabios de todas las épocas –comenta Alejandro Llano– han aconsejado meditar acerca de la muerte, para descubrir su oculto sentido y alcanzar así una paz profunda, sin la cual es imposible la felicidad. Rehuir el tema, jugar al escondite con uno mismo, no es una actitud muy digna, y menos en asunto tan capital.

Una de las cuestiones que más preocuparon a Platón fue el destino después de la muerte. Estaba convencido de que *el mal deja en el alma una cicatriz patente a la mirada insobornable del Juez*; que los culpables que aún fueran capaces de curación, serían conducidos por un tiempo a un lugar de purificación; y que, en cambio, los incapaces de curación sufrirían un castigo para siempre. Por eso aseguraba que la muerte ponía a las personas en la verdadera realidad.

Cuando el tiempo apremia y el hombre se familiariza con la idea de la muerte, empieza a preocuparse por cosas que antes no le importaban.

«Para nuestros más anticlericales intelectuales –escribe José Eulogio López– uno de sus mejores argumentos contra Dios y contra la Iglesia es decir que a las Misas solo asisten viejos. Para ellos se trata de la prueba del nueve contra la Iglesia. Muertos esos viejos, piensan, morirá la Iglesia. Y si esperan que responda a eso diciendo que no, que se está dando un renacimiento religioso encabezado por una nueva generación de jóvenes..., se equivocan. Es cierto que los jóvenes están volviendo a Dios en Occidente. Pero para mí es una prueba de veracidad que el viejo esté más pendiente de Dios. Temblaré cuando el anciano se aleje de la Iglesia más que cuando lo haga el joven. La razón es bien sencilla. Llegados a cierta edad, ellos y ellas dejan de engañarse a sí mismos. La muerte ya no es algo posible, sino probable. No hay tiempo para seguir orillando los grandes planteamientos vitales, ni para despreciar los grandes interrogantes con una broma más o menos ingeniosa. Es la hora de la verdad. Y cuando llega la hora de la verdad, nadie se olvida de Dios. Ocurre algo similar al enfermo terminal, que bendice o maldice a Dios, pero nunca se queda indiferente. Y los pocos que se quedan indiferentes son los que han caído en esa especie de infrahumanidad elegante a la que llamamos escepticismo, que tiene mucho más de soberbia que de lucidez».

La muerte nos mantiene encadenados como a un oso los titiriteros. Es una cadena que tiene, cuando más, tres, cuatro metros de longitud; cuarenta, sesenta, ochenta años, cuando se trata de los hombres. ¿Quién no siente en el tobillo la presión de esa cadena que nos retiene atados a la muerte? ¿Quién no ha sentido muchas veces pasar, más o menos cerca, su sombra temible? «El hombre que no percibe el drama de su propio fin

–escribió Carl Gustav Jung, uno de los padres del psicoanálisis–, no estaría en la normalidad sino en la patología, y tendría que tenderse en la camilla y dejarse curar».

Ante la cercanía de la muerte, la razón humana apenas tiene ninguna experiencia donde hacer pie. Por eso dice Delibes que, tantas veces, al palpar esa realidad, «vuelves los ojos a tu interior y no encuentras más que banalidad, porque los vivos, comparados con los muertos, resultamos insoportablemente banales».

Para algunos, la muerte acaba con todo. Parece como si una persona no fuera más que una simple alta en el Registro Civil, que basta luego con dar de baja, y ya está. O un simple paquete de músculos y huesos, que luego se pudren, y ya está. O un Número de Identificación Fiscal, que también se da de baja después de haber cumplido con sus tributaciones, y ya está. Sin embargo, lo único seguro es que la muerte acaba con el cuerpo. Se derrumba todo el edificio biológico, es verdad. Lo que era carne se convierte en polvo y ceniza, de acuerdo. Pero ahí no acaba la persona. Si la persona tiene cuerpo y alma, detrás de la muerte ha de haber un destino para el alma.

¿Puedo comprobar si existe el alma?

Cuenta Victor Frankl cómo un estudiante universitario le preguntó en una ocasión qué podía haber de realidad en el alma, siendo esta totalmente invisible. Como jamás había visto su alma, ni la de nadie, lo más sensato –concluía– es no creer en fantasías que no se pueden ver.

«Yo le confirmé –escribe Frankl– que no era posible ver un alma mediante una disección ni mediante exploración microscópica. Después le pregunté que por qué razón buscaba el alma en esa disección o exploración microscópica. El joven me contestó que por amor a la verdad.

»Entonces le pregunté si no sería el *amor a la verdad* algo anímico, si él creía que cosas como el *amor a la verdad* podían hacerse visibles por la vía microscópica.

»El joven comprendió que lo invisible, lo anímico, no puede encontrarse mediante el microscopio, pero que son cosas necesarias para poder trabajar con el microscopio».

La ciencia experimental no agota las posibilidades de conocimiento. Si echamos en el mar una red de pesca cuyos agujeros son cuadrados de un metro de lado (el ejemplo es de Mariano Artigas), será difícil, por muchas veces que lancemos esa red, que saquemos peces de menos de un metro de longitud. Si alguien concluyera, después de semejante experiencia marinera, que en el mar no hay peces de menos de un metro de longitud, parece bastante evidente que se estaría equivocando. Una cosa es que no existan, y otra, bien distinta, que con esa red no pueda capturarlos.

Lo que se logra «recoger» con las redes de la ciencia experimental no es «toda» la realidad.

No lo veo, luego no existe

En muchas ocasiones creemos en cosas que no vemos, y creemos porque comprobamos sus efectos. Si oyes a un pajarillo que canta en la espesura (este ejemplo es de J. R. Ayllón), ¿pensarás que canta el matorral? No es serio decir: no lo veo, luego no existe. No ves el pajarillo, pero lo oyes. No ves el alma, pero hay muchas razones que hacen suponer la existencia del alma. No ves la electricidad, pero ves sus consecuencias. No ves el calor, pero lo sientes. No ves a las bacterias ni a los virus, pero notas sus efectos.

Tampoco encontrarás el alma diseccionando un cuerpo, de la misma manera que si echas abajo el matorral ya no estará el pajarillo, pero no por eso debes decir que el matorral ha dejado de cantar. Negar la existencia de lo que no es directamente perceptible por los sentidos es negar la existencia de la parte más importante de la realidad.

En la mente humana se dan dos fuerzas contrapuestas. Por una parte, la sensación de que en el hombre hay algo más que el conjunto de vísceras que componen su cuerpo. Por otra, la inicial negativa de los sentidos a admitir la existencia de algo que no pueden ver, medir, oír, oler ni tocar. No es fácil demostrar a los sentidos que el alma existe, pero no son ellos los que deciden si algo existe o no.

Podemos aplicar al problema del alma una analogía que propuso Rupert Sheldrake y que encuentro particularmente afortunada.

Imagínate una persona que no sabe absolutamente nada sobre aparatos de radio. Piensa, por ejemplo, en un hombre de ciencia de hace unos cuantos siglos. Ese hombre ve uno de esos aparatos y se queda encantado con la música que sale de él, y enseguida trata de entender lo que allí sucede.

Está convencido de que la música procede totalmente del interior del aparato, como resultado de complejas interacciones entre sus elementos. Cuando alguien le sugiere que la música viene de fuera, a través de una transmisión por ondas desde otro lugar, lo rechaza argumentando que él no ve entrar nada en el aparato. Dice que eso sería una explicación ilusoria y cómoda de una realidad compleja que hay que investigar.

Nuestro hombre no termina de entender bien la procedencia de la música del aparato. Sin embargo, piensa que algún día, después de mucho investigar las propiedades y funciones de cada pieza, logrará entender los secretos de sus procesos y sabrá de cuál de sus elementos sale aquella preciosa melodía.

Quizá logre averiguar la composición de cada pieza, e incluso intentará hacer otro aparato lo más parecido posible. Pero ya se ve que no comprenderá cómo funciona el transistor hasta que no acepte que existen realidades, como las ondas de radio, que no se ven.

Volviendo al término de nuestra comparación, podemos decir que la ciencia como tal no puede alcanzar directamente a Dios, pero el científico experimental puede descubrir en el mundo las razones para afirmar la existencia de un Ser que lo supera.

Viviendo todo falta,
muriendo todo sobra.

Lope de Vega

La hora de la verdad

¿Hablar de la muerte?

A la protagonista de aquella historia –una respetable mujer norteamericana–, le atormentaba por una parte la culpabilidad de haber abandonado su fe, y por otra el deseo de volver a ella.

«Sin embargo –decía–, me horrorizaba la idea de entrar en un confesonario. Era una vida entera de pecado que me paralizaba.

»Hasta que un fin de semana de reunión familiar, mis hijos empezaron a hablar de dónde deseaba cada uno ser enterrado. Y sentí el terrible impacto de la realidad, de la verdad. Me di cuenta de que, a pesar de no haber vivido como cristiana, quería morir como tal.

»Había logrado, aunque penosamente, racionalizar mi carencia de fe en la vida, pero no podía llevar la mentira hasta la muerte. Y tomé la decisión de confesarme. Y lo hice. En pocos instantes, experimenté el retorno de mi dignidad. Me sentía ligera y libre. Al descargar todo ese lastre, había dejado a Dios entrar de nuevo en mi vida. Y sentí una nueva suerte de libertad».

A veces cuesta mucho aceptar la verdad. Incluso cuando ya la conocemos con certeza. Incluso cuando la conocen también quienes nos rodean, y nosotros sabemos que lo saben. Aquella mujer plantó cara a la mentira gracias al pensamiento de la muerte, y se unió a esa gran cantidad de escépticos en materia de religión que dejaron de serlo en cuanto se presentó la callada cercanía de la muerte. Como ha escrito Lloyd Alexander, *una vez que tienes el valor de mirar al mal cara a cara, de verlo por lo que realmente es y de darle su verdadero nombre, carece de poder sobre ti, y puedes destruirlo.*

Siempre hay una mentira en la raíz de todo desánimo, un apartarse de la verdad, de la realidad. Cuando la enfermedad o un riesgo imprevisto hacen ver que estamos como colgados de un hilo sobre el abismo de la eternidad, aquel antiguo escepticismo –tan firme en esos días en que la muerte se veía como una eventualidad lejana– deja de ser una postura cómoda. La pregunta sobre qué hay después de la muerte deja de ser una cuestión ociosa y pueril. La desdeñosa seguridad de antes se trueca en una incertidumbre cruel que agita el alma.

«Para nosotros, los demonios –cuenta con gracia Lewis en *Cartas del diablo a su sobrino*–, resulta enormemente desastroso en los hombres ese continuo acordarse de la muerte. Lo ideal es que mueran en costosas clínicas, entre doctores que mienten, enfermeras que mienten, amigos que mienten prometiéndoles vida, estimulando la creencia de que la enfermedad todo lo excusa, omitiendo toda alusión a un sacerdote...».

Hablar de la muerte no tiene por qué ser una locura o una morbosidad. Incita a buscar significado a la existencia. Como escribió Séneca, *se precisa de toda la vida para aprender a vivir; y, lo que es más extraño todavía, se necesita toda la vida para aprender a morir.*

Pensar en la muerte obliga a las personas a pensar en cómo llevan la vida.

¿Qué nos espera después de la muerte?

El entierro de la ex-emperatriz Zita en 1989 fue quizá el acto fúnebre más solemne y grandioso de la realeza europea de finales del siglo XX. Viena volvía a sentirse capital del Imperio: 400.000 visitantes, 600 periodistas, 64 archiduques y archiduquesas rigurosamente vestidos de negro, e infinidad de invitados procedentes de los antiguos dominios del Imperio –Hungría, Trento, Trieste, Bolzano, etc.–, acompañaban los restos de la antigua Princesa de Borbón Parma, Emperatriz de Austria y Reina de Hungría.

El cortejo fúnebre se dirige a la *Kapucinegruft*, donde se encuentran las tumbas de doce emperadores y quince emperatrices de la familia Habsburgo. Cuando está ya frente a la entrada de la cripta, y siguiendo un antiguo ritual cargado de sentido, la puerta se encuentra cerrada herméticamente.

Un hombre golpea la puerta ordenando: «¡Abrid las puertas a la Emperatriz!» (y pronuncia a continuación todos los títulos de la fallecida). Desde dentro se deja oír una voz que contesta: «No la conozco». Por segunda y tercera vez se repite la orden para que abran las puertas al poderoso de la tierra, y vuelve a oírse la misma respuesta: «No la conozco».

A una cuarta llamada, esta vez en tono menos altivo, la voz del interior pregunta quién es, y se oye: «Abrid a Zita, pecadora que implora humildemente la misericordia de Dios». Inmediatamente se abren las puertas y entra el cortejo mientras suenan veintiún salvas de cañón y todas la campanas de Viena doblan a muerto.

En el gran teatro del mundo –comenta Ignacio Segarra–, todos desempeñamos papeles distintos. Pero cuando cae el telón, y nos quitamos la careta y el disfraz para volver a la vida de la calle, todos somos iguales. Y el premio o el castigo se nos dará, no en función del papel que nos haya tocado representar, sino en función de cómo lo hayamos desempeñado, en función de nuestras buenas obras, sea cual sea el papel. Por eso, como decía aquel poeta castellano, *al final de la jornada, el que se salva, sabe; y el que no, no sabe nada*.

¿No es Dios infinitamente misericordioso?

—¿Y cómo puede Dios, siendo infinitamente misericordioso, castigar con tanto rigor a los pecadores, condenándoles a las terribles penas del Infierno?

Dios es infinitamente misericordioso, pero también es infinitamente justo. Y la justicia exige que las almas sean juzgadas de acuerdo con la forma en que han elegido seguir esta vida. Cuando alguien se condena, es siempre por culpa suya: se condena porque se empeña, ocultándose detrás de múltiples excusas y justificaciones, en no tomar esa mano que Dios le tiende.

—De todas formas, he escuchado tantos relatos curiosos de las penas del Infierno que me parecen casi ridículos... ¿No es una explicación un poco infantil?

Por fortuna, el dogma católico no tiene por qué coincidir siempre con las ocurrencias de cada orador, y quizá no hayas tenido mucha suerte con los que tú has escuchado. Pero lo que la Iglesia dice es que las almas de los que mueren en estado de pecado mortal sufrirán un castigo que no tendrá fin. Morir en pecado mortal sin estar arrepentido ni acoger el amor misericordioso de Dios, significa la autoexclusión voluntaria y definitiva del premio del Cielo. Y puesto que no sabemos ni el día ni la hora en que habremos de rendir cuentas a Dios, todo esto es un llamamiento a la responsabilidad con que usamos nuestra libertad en relación al destino eterno.

—Pero un castigo *eterno*, podría no ser justo...

No hay que preocuparse por eso, puesto que Dios es justo. Dios no predestina a nadie a ir al Infierno. No descarga sobre un hombre ese golpe fatal sin haberle puesto a la vista la vida y la muerte, sin haberle dejado la elección, sin haberle ofrecido mil veces la mano para apartarse del borde del precipicio. Si el hombre se esfuerza, con un esfuerzo serio y eficaz, por alcanzar su salvación eterna, no ha de tener miedo a la muerte, porque Dios no está esperando un descuido para cazarle en un renuncio.

—¿Y qué explicación das al hecho de que haya tantos creyentes a los que la amenaza del Infierno no les hace cambiar de vida?

Es un antiguo problema. Algo parecido a lo que sucede a un estudiante que no se decide a ponerse a estudiar porque todavía le queda tiempo. Imagínatelo en el calor de principios de junio, cuando el día del examen está allá lejos, a finales de mes. Sabe perfectamente que cada vez le va a costar más enderezar la situación, pero le cuesta no dejarse arrastrar por la pereza. La gran diferencia, en el caso de la muerte, es que se trata de un examen cuya fecha no se avisa y que no tiene segunda convocatoria.

O parecido al médico que conoce perfectamente las consecuencias de sus «excesos», pero todo su saber, si no cuenta con la debida fuerza de voluntad, es débil frente a esa seducción y no le hace abandonarlos.

A lo largo de los siglos, ha habido muchos hombres que han llegado a sacrificar la hacienda, el honor, la salud, incluso la vida, por la satisfacción de un momento. ¿Por qué? Es sencillo.

El placer halaga el presente
y en cambio los males están distantes,
y el hombre se hace la ilusión
de que ya logrará luego
de algún modo evitarlos.

Y a lo mejor lo hace sin siquiera perder sus antiguas convicciones. Solo las pone un poco a un lado. Quizá por eso algunos se ponen nerviosos al oír hablar de la muerte. Igual que sucede al estudiante de nuestro ejemplo cuando oye hablar de los exámenes, o al médico al pensar en las consecuencias de sus «excesos», pues en ambos casos la hora de la verdad se acerca inexorablemente.

¿Salvarse en el último minuto?

—¿Y no es injusto que reciba el mismo premio del Cielo uno que ha llevado toda una vida de esfuerzo y sacrificio, que otro que se ha convertido a última hora en el lecho de muerte?

La Iglesia afirma que el grado de felicidad en el Cielo será distinto según la diversidad de los méritos alcanzados por cada uno en la tierra. Y lo mismo puede decirse sobre la desigualdad de las penas del Infierno, según la gravedad y número de males cometidos. Dios es justo y dará a cada uno según sus obras.

Hay gente –parece asombroso, pero es así– cuyo plan parece ser ese que dices: convertirse en el lecho de muerte. Su idea es vivir egoístamente, olvidados de todo y de todos, y en su estupidez imaginan que en el último momento, rodeados de sus seres queridos, les bastará con disculparse elegantemente por haberles amargado la vida, y pedir, acto seguido, perdón a Dios.

Pero cuando se encuentren ante Dios, no cabrá el engaño. Toda la mentira con que han querido condimentar su vida se desplomará en un instante. Y si –como escribe Arellano– *el camino del hombre hacia la verdad es, en un noventa por ciento, tarea de descubrir mentiras*, esas personas se darán cuenta entonces de que en su vida esa tarea ha sido muy escasa. Y se lamentarán de haberse negado a reflexionar sobre la evidente realidad de la muerte. «Ahora –dicen– no tengo tiempo para esas cosas; cuéntamelo en el lecho de muerte, y quizá te escuche». Y ahí es donde se equivocan por completo. Cuando se cae en la mentira para evitar incomodos, la manta bajo la que pretenden esconderse se vuelve un poco más grande, hasta que acaba por ahogarles debajo. Cada momento en que cerramos voluntariamente los ojos ante nuestro destino en la otra vida, es un momento desperdiciado de esta.

PARA PENSAR PARA ACTUAR...

Para
recordar...

La existencia de Dios se presenta
como la más grande de las cuestiones
humanas.
Y no por su complejidad,
sino por presentarse ante el hombre
con un carácter radicalmente comprometedor.

Si el hombre ha sido creado por Dios,
ha de estar sujeto a un orden natural.
Un orden fuera del cual jamás alcanzará
su plenitud como hombre.

Para
pensar...

Poco enseñó la vida a aquellos
a quienes no enseñó a soportar el dolor.

Arthur Graf.

Reza, pero no dejes
de remar hacia la orilla.

Proverbio ruso.

Para
ver...

- ¡Qué bello es vivir! (Frank Capra).
- El séptimo sello (Ingmar Bergman).
- La herida luminosa (José Luis Garci).

Para
leer...

- Alfonso López Quintás, *Cuatro filósofos en busca de Dios*, Rialp.
- Mariano Artigas, *Ciencia y fe: nuevas perspectivas*, Eunsa.
- C. S. Lewis, *El problema del dolor*, Rialp.

Para
hablar...

La presencia del dolor y el sufrimiento parecen oscurecer la imagen de sabiduría, poder y misericordia que corresponde a Dios. Plantear una conversación sobre este tema y pensar cómo aplicar a la vida diaria la idea de que Dios saca de los grandes males grandes bienes.

Para actuar...

SITUACIÓN:

Paloma tiene ya 16 años y ha empezado a salir con un chico –David– con el que está encandilada. Su madre piensa que ese chico no le conviene, pero no sabe cómo decírselo sin que se enfade. La chica ha empezado a suspender y se ha enrarecido su carácter. Por una casualidad, su madre se ha enterado de que Paloma consume pastillas que no son precisamente para la tos, y que frecuenta con David lugares poco recomendables.

Se lo recriminó nada más verla: —«Sí, ¿y qué...?», contestó su hija. —«Pues que todo eso está muy mal». —«¡Ay, no me digas!», replicó con ironía. La madre, desconcertada, no sabía cómo seguir. Al final dijo: —«Y..., ¿si te mueres, qué, al Infierno? ¿O es que no has pensado que te puedes morir?». —«Pues por eso..., hay que vivir, que son dos días». —«Pero luego...». —«Luego..., ¿qué? ¿Has estado allí? ¿Has visto algo? A lo mejor me convierto en una vaca. David dice que se está tomando en serio lo de la reencarnación. Además, yo no creo en el Infierno. ¿No ha venido Dios a salvar a los pecadores? ¿No es tan misericordioso? Yo no

paso por ahí, ya habéis asustado a mucha gente».
La madre se dio cuenta de que le faltaban argumentos, y de que además había planteado bastante mal la conversación. Lo comentó aquella noche con su marido.

OBJETIVO:
Lograr que Paloma entienda que los hombres estamos sujetos a un orden natural fuera del cual no alcanzaremos nuestra plenitud.

MEDIOS:
Hacer que descubra un sentido más claro y positivo de la fe y de las verdades eternas.

MOTIVACIÓN:
Los padres de Paloma estuvieron comentando cómo encontrar el modo y la ocasión de hablar con su hija constructivamente sobre estos temas. Era preciso que entendiera que desoír los mandatos de Dios lleva a las personas a situaciones que siempre producen daño, a uno mismo y a otros.

HISTORIA:
A los pocos días, Paloma llegó a casa bastante tarde y muy abatida. Parecía no querer hablar con nadie, pero su madre enseguida advirtió

que en realidad lo deseaba vivamente. Decidió no hacer mención al hecho de que hubiera llegado tan tarde. Pensó que en ese momento era mejor ayudar a su hija a desahogarse. Ya había aprendido de su error en la anterior conversación, así que esta vez lo planteó de modo muy distinto. En cuanto la chica vio que su madre no estaba en plan de sermonearla, le fue contando todo, de principio a fin. Había roto con David después de enterarse de que la engañaba. Se sentía muy humillada. Pensaba que la habían usado como se usa a un objeto. Ahora comprendía que había sido seducida de la forma más simple, y que se había entregado con total ingenuidad: «Ya me parecía que David se pasaba conmigo. Me molestaba, pero no quería perderlo, ni parecer una tonta. Pero ahora me doy cuenta de que fue un error desde el principio».
David había tenido un accidente con el coche. No le pasó casi nada, aunque podía haberse matado. Tuvieron que darle unos puntos. Paloma acudió al hospital, sin saber casi nada. Una vez allí, no tardó en enterarse de que en el momento del accidente su novio iba con otra chica. David conducía demasiado rápido, para impresionar a su acompañante, y se salió de la carretera. Al verse tan cerca de la muerte, se había llenado de miedo y estaba muy conmocionado interiormente.

Paloma explicó a su madre que David estaba también muy hundido. No era mala persona, pero llevaba tiempo dejándose arrastrar por el egoísmo, y había acabado haciendo cosas que le avergonzaban mucho. Disimulaba su desazón interior con teorías diversas, con las que intentaba justificar su lujuria y su deslealtad, pero al verse al borde de la muerte todo aquello se había venido abajo en un instante. David pidió perdón a Paloma, y ella lo aceptó, pero quedaron en que ya no saldrían juntos.
Paloma y su madre estuvieron hablando bastante tiempo. Al final, acabó saliendo la conversación que habían tenido ellas dos unos días antes: «Perdona, mamá. Estuve inaguantable. Ahora veo que me pasaba lo mismo que a David». «Deja, hija, que yo tampoco estuve a la altura», terció su madre.

RESULTADO:
Fue una conversación muy fructífera. Ahora Paloma veía de otra manera todo lo que había dicho el otro día sobre la muerte, el Infierno y la reencarnación. Al final, coincidieron en que lo que había sucedido era providencial para comprender que Dios no ha puesto sus Mandamientos para fastidiar, sino para facilitar a los hombres y mujeres su desarrollo

más pleno, su felicidad. El dicho popular de que *en el pecado va la penitencia* refleja el hecho real de que el alejamiento de Dios –y por tanto, del último fin del hombre–, constituye a la larga la más dolorosa de las penas.
Vivir de espaldas a la muerte es vivir en el engaño. Y si en la propia vida hay engaño, considerar la realidad de la muerte puede ser una buena ayuda para desengañarse. Pensar en la muerte no tiene por qué suponer un lastre para la vida, sino que nos ayuda a darnos cuenta de que el tiempo a nuestra disposición es limitado y hemos de hacerlo rendir. No debe llevar a reflexiones pesimistas, sino a esforzarnos por llenar la vida de sentido.

PARTE SEGUNDA "B"

Tener una mente abierta
es como tener la boca abierta:
no es un fin, sino un medio.
Y el fin es cerrar la boca sobre algo sólido.

G. K. Chesterton

UNA RELIGIÓN, PERO... ¿POR QUÉ LA CRISTIANA?

La verdad, si no es entera,
se convierte en aliada de lo falso.

J. Sádaba

¿Da igual una religión que otra?

El síndrome del muestrario

«Aunque crea que Dios existe, hay muchas religiones para elegir. Soy de los que piensan que todas las religiones son buenas. Quitando algunas degeneraciones extrañas que vienen a ser como la excepción que confirma la regla, todas llevan al hombre a hacer el bien, exaltan sentimientos positivos, y satisfacen en mayor o menor medida la necesidad de trascendencia que todos tenemos.

»En el fondo, da igual una que otra. Además, ¿por qué no va a poder haber varias religiones verdaderas?».

Ciertamente hay que ser de espíritu abierto, y apreciar –como lo hacía el autor del comentario que acabo de recoger– todo lo que de positivo haya en las diversas religiones, pero me parece que no se puede pensar seriamente que haya varias que sean igualmente verdaderas. Si solamente hay un Dios, no puede haber más que una verdad divina, y una sola religión verdadera.

Porque una cosa es tener una mente abierta, y otra muy distinta decir que cada uno se fabrique su religión y que no se preocupe porque todas van a ser verdaderas. Por eso decía Chesterton que tener una mente abierta es como tener la boca abierta: no es un fin, sino un medio. Y el fin –decía con sentido del humor– es cerrar la boca sobre algo sólido.

No es serio decir que pueden ser verdad al mismo tiempo religiones diversas, que se oponen en muchas de sus afirmaciones y sus exigencias. Si dos y dos son cuatro, y alguien dijera que son cinco, habría caído en un error. Pero si además dijera que una suma es tan buena como la otra, podría decirlo, porque afortunadamente hay libertad de expresión, pero habría incurrido en un error aún más grave.

Acertar con la verdad

La sensatez de la decisión humana sobre la religión no estará, por tanto, en elegir la religión que a uno le guste o le satisfaga más, sino más bien en *acertar con la verdadera*, que solo puede ser una.

La religión no es como elegir en un supermercado el producto más atractivo.

—Pero la religión verdadera debería ser atractiva..., si tan buena es ¿no?

Depende de qué se entienda por atractivo. Si te refieres a lo superficial, guiarse por el atractivo de la presentación exterior llevaría a juzgar por el envoltorio o por la apariencia.

Sería como intentar distinguir entre un buen libro histórico y otro lleno de manipulaciones, fijándose solo en lo atractivo de la portada y la presentación. O como distinguir entre un veneno y una medicina por lo agradable del color o del sabor (esto podría ser incluso más peligroso).

Cuando se trata de discernir entre lo verdadero y lo falso, y en algo importante, como lo es la religión, conviene profundizar lo más posible. La religión verdadera será efectivamente la de mayor atractivo, pero solo para quien tenga de ella un conocimiento suficientemente profundo.

—Entonces, ¿tú crees que el cristianismo es la verdad para todos?

Sí, naturalmente, pues soy cristiano. Si uno no cree que su fe es la verdadera, lo que le sucede entonces, sencillamente, es que no tiene fe.

—¿Dices entonces que todos los que profesan una religión distinta a la cristiana están completamente equivocados?

Completamente, no. La adhesión a la verdad cristiana no es como el reconocimiento de un principio matemático. La revelación de Dios se despliega como la vida misma, y toda verdad parcial no tiene por qué ser un completo error.

Muchas religiones tendrán una parte que será verdad y otra que contendrá errores (excepto la verdadera, que, lógicamente, no contendrá errores). Por esta razón, la Iglesia católica -lo ha explicado el Concilio Vaticano II- nada rechaza de lo que en otras religiones hay de verdadero y de santo. Considera con sincero respeto los modos de obrar y de vivir, los preceptos y doctrinas que, aunque discrepan en muchos puntos de lo que ella profesa y enseña, no pocas veces reflejan un destello de aquella Verdad que ilumina a todos los hombres.

La Iglesia honra cualquier verdad que pueda ser descubierta en el mundo de las religiones y las culturas.

¿Puede uno salvarse con cualquier religión?

La verdad sobre Dios es accesible al hombre en la medida en que este acepte dejarse llevar por Dios y acepte lo que Dios ordena. Es decir, en la medida en que el hombre quiera buscar a Dios rectamente.

—¿Quieres decir que los que no son cristianos no buscan a Dios rectamente?

No. Decir eso sería una barbaridad. Hay gente recta que puede no llegar a conocer a Dios con completa claridad. Por ejemplo, por no haber logrado liberarse de una cierta ceguera espiritual. Una ceguera que puede ser heredada de su educación, o de la cultura en la que ha nacido.

—Entonces, en ese caso, no serían culpables.

Dios es justo y juzgará a cada uno por la fidelidad con que haya vivido conforme a sus convicciones. Es preciso, lógicamente, que a lo largo de su vida hayan hecho lo que esté en su mano por llegar al conocimiento de la verdad. Y esto es perfectamente compatible con que haya una única religión verdadera.

—¿Y qué dice la Iglesia católica sobre la salvación de los que no profesan la religión católica? Porque algunos la acusan de exclusivismo.

Dice que los que sin culpa de su parte no conocen el Evangelio ni la Iglesia, pero buscan a Dios con sincero corazón e intentan en su vida hacer la voluntad de Dios, conocida a través de lo que les dice su conciencia, pueden conseguir la salvación eterna.

Como ha señalado Peter Kreeft, el buen ateo participa de Dios precisamente en la medida en que es bueno. Si alguien no cree en Dios, pero participa en alguna medida del amor y la bondad, vive en Dios sin saberlo.

—Entonces, si se puede ser moralmente bueno sin creer en Dios, ¿para qué creer en Dios?

Es que no debemos creer en Dios porque nos sea útil, o porque nos permita llevar una vida moral, sino, sobre todo, porque creemos que realmente existe.

—¿Y dices que Dios me juzgaría con arreglo a la religión en que yo creyera, aunque fuera falsa?

Depende de tu rectitud, pues podrías estar en el error de modo culpable o voluntario. Bernanos decía que no se puede perder la fe como se pierde un llavero, y se mostraba bastante escéptico ante las crisis intelectuales de fe, que consideraba mucho más raras de lo que muchos pretenden. Por eso, si una persona se fabricara una religión propia, a su medida, porque le resulta más cómodo; o hiciera una interpretación acomodada de su religión, para rebajar así sus exigencias morales; o no se preocupara de recibir la necesaria formación religiosa adecuada a su edad y circunstancias, u otras causas semejantes; cuando se diera alguna de estas cosas –y me parece que se dan con cierta frecuencia–, se ve que la pretendida crisis intelectual bien puede tener otros orígenes.

—Pero, *formarse*, ¿no es propio más bien de gente de poca personalidad, que se deja influenciar fácilmente?

No tiene por qué ser así, pues, como ha señalado Aquilino Polaino, formarse no es nada más que fundamentar la propia autotransformación (y no, por cierto, de modo egoísta, sino para ser, a su vez, una realidad transformante de los demás).

Por eso, si una persona no se preocupara de formarse y de reflexionar suficientemente para llegar al conocimiento de la fe verdadera y de sus exigencias, estaría en un caso de ignorancia culpable.

En ese caso y en todos los anteriores –es de justicia elemental–, será juzgado por Dios conforme a su grado de culpabilidad y voluntariedad.

No somos nosotros los que creamos la verdad,
los que la dominamos y la hacemos valer.
Es la verdad la que nos posee.

Alejandro Llano

¿Es la religión cristiana la verdadera?

Una seguridad razonable

—¿Y por qué precisamente la religión cristiana va a ser la verdadera?

Es realmente difícil, en un diálogo como el que llevamos, no acabar en esta pregunta. Intentaré responderte, pero no esperes una demostración que lleve a una evidencia aplastante.

—Entonces es que no se puede demostrar...

Una cosa es que algo sea demostrable, y otra bien distinta que sea evidente.

Se pueden aportar pruebas sólidas, racionales y convincentes, pero nunca serán pruebas aplastantes e irresistibles.

Ten en cuenta, además, que no todas las verdades son demostrables. Y menos aún para quien entiende por demostración algo que ha de estar atado indefectiblemente a la ciencia experimental, aunque a ese prejuicio ya le hemos dedicado un capítulo y será mejor no repetirse.

Digamos –no es muy académico, pero sirve para entendernos– que es como si Dios no quisiera obligarnos a creer. Dios respeta la dignidad de la persona humana, que Él mismo ha creado, y que ha de regirse por su propia determinación. Dios actúa con ese respeto por el hombre. Además, si fuera algo tan evidente como la luz del sol, no haría falta demostrar nada: ni tú estarías leyendo este libro ni yo lo habría escrito.

Nadie se rinde ante una demostración no totalmente evidente (algunos, ni siquiera ante las evidentes), si hay una disposición contraria de la voluntad. La fe es un don de Dios, pero a la vez es un acto libre.

Para creer, hace falta una decisión libre de la voluntad.

Dios podría haber hecho que sus mandatos o sus consejos aparecieran escritos en el cielo, como por arte de magia, pero ha preferido actuar de modo ordinario y natural, a través de las inteligencias de los hombres, respetando su libertad, su personalidad y sus condicionantes culturales. Ha querido salvaguardar lo más posible nuestra libertad. Así será mayor la plenitud de nuestra fe.

Si te parece, podemos ir repasando diversos aspectos de la religión cristiana, comentando algunas de las razones que pueden ayudar a comprenderla mejor. No pretendo argumentar de modo muy exhaustivo, sino arrojar un poco de luz sobre el asunto, es decir, hacer más verosímil la verdad.

Un sorprendente desarrollo

Podemos empezar, por ejemplo, por considerar lo que ha supuesto el cristianismo en la historia de la humanidad. Piensa cómo, en los primeros siglos, la fe cristiana se abrió camino en el Imperio Romano de una forma prodigiosa...

—Es algo muy estudiado. Estuvo facilitado por la unidad política y lingüística del Imperio, por la facilidad de comunicaciones en el mundo mediterráneo, etc.

Todo eso es cierto. Pero piensa también que, pese a que esas condiciones eran favorables, el cristianismo recibió un tratamiento tremendamente hostil. Hubo una represión brutal, con unas persecuciones enormemente sangrientas, con todo el peso de la autoridad imperial en su contra durante más de dos siglos.

Hay que recordar que la religión entonces predominante era una amalgama de cultos idolátricos enormemente indulgentes con las más degradantes debilidades humanas. Tan bajo había caído el culto, que la fornicación se practicaba en los templos como rito religioso. El sentido de la dignidad del ser humano brillaba por su ausencia, y las dos terceras partes del imperio estaban formadas por esclavos privados de todo derecho. Los padres tenían derecho a disponer de la vida de sus hijos (y de los esclavos, por supuesto), y las mujeres, en general, eran siervas de los hombres o simples instrumentos de placer.

Tal era el mundo que debían transformar. Un

mundo cuyos dominadores no tenían ningún interés en que cambiara. Y la fe cristiana se abrió paso sin armas, sin fuerza, sin violencia de ninguna clase. Predicando una conversión muy profunda, unas verdades muy duras de aceptar para aquellas gentes, un cambio interior y un esfuerzo moral que jamás ninguna religión había exigido.

Y pese a esas objetivas dificultades, los cristianos eran cada vez más. Cristianos de toda edad, sexo y condición: ancianos, jóvenes, niños, ricos y pobres, sabios e ignorantes, grandes señores y personas sencillas..., y, tantas veces, perdiendo sus haciendas, acabando sus vidas en medio de los más crueles tormentos.

Conseguir que la religión cristiana arraigase, que se extendiese y se perpetuara, a pesar de todos los esfuerzos en contra de los dominadores de la tierra de aquel entonces; a pesar del continuo ataque de los grandes poseedores de la ciencia y de la cultura al servicio del Imperio; a pesar de los halagos de la vida fácil e inmoral a la que llevaba el paganismo romano...; haber conseguido la conversión de aquel enorme y poderoso imperio, y cambiar la faz de la tierra de esa manera, y todo a partir de doce predicadores pobres e ignorantes, faltos de elocuencia y de cualquier prestigio social, enviados por otro hombre que había sido condenado a morir en una cruz, que era la muerte más afrentosa de aquellos tiempos...

Para el que no crea en los milagros de los Evangelios, me pregunto si no sería este milagro suficiente.

Algo absolutamente singular en la historia de la humanidad

«El protagonista de mi novela –cuenta el escritor José Luis Olaizola en un libro autobiográfico– se había hecho cura, quizá porque me parecía un buen final de la novela que lo fusilaran al principio de la guerra civil española.

»Y como yo sabía muy poco de curas, y de su posible comportamiento en una situación tan límite, me puse a leer el Evangelio para articular un buen sermón ante el pelotón de fusilamiento, con palabras del mismo Cristo.

»Aquellas palabras sirvieron de poco para mi novela, pero a mí me llegaron bastante hondo. Así comencé a interesarme por la figura de Cristo, que me pareció un personaje muy atractivo..., a condición de que, efectivamente, fuera Hijo de Dios. Porque si fuera solo un hombre, y dijera las cosas que decía, sería un loco o un farsante. Y si Cristo era el Hijo de Dios, no se le ocurriría dejar la hermosura de su doctrina al libre discurrir de los hombres; sería el caos. Era lógico que hubiera encomendado el depósito de la fe a la Iglesia.

»Es decir, que por un proceso reflexivo me encontré siendo intelectualmente católico».

Así cuenta Olaizola un pequeño retazo de su encuentro con Dios. Como en tantos otros casos, empezó por un descubrimiento de la figura de Jesucristo. Podemos analizar esto brevemente, pues constituye el fundamento de la fe cristiana. La pregunta básica sobre la identidad de la religión cristiana se centra en su fundador, en *quién es Jesús de Nazaret*.

El primer trazo característico de la figura de Jesucristo –señala André Léonard– es que afirma ser de condición divina. Esto es absolutamente único en la historia de la humanidad. Es el único hombre que, en su sano juicio, ha reivindicado ser igual a Dios. Y recalco lo de reivindicar porque, como veremos, esta pretensión no es en modo alguno signo de jactancia humana, sino que, al contrario, fue acompañada de la mayor humildad.

Los grandes fundadores de religiones, como Confucio, Lao-Tse, Buda y Mahoma, jamás tuvieron pretensiones semejantes. Mahoma se decía profeta de Allah, Buda afirmó que había sido iluminado, y Confucio y Lao-Tse predicaron una sabiduría. Sin embargo, Jesucristo afirma ser Dios. Lo que sorprendía y admiraba a las gentes era la autoridad con que hablaba, por encima de cualquier otra, aun de la más alta, como la de Moisés. Y hablaba con la misma autoridad de Dios en la Ley o los Profetas, sin referirse más que a sí mismo: «Habéis oído que se dijo..., pero yo os digo...». A través de sus milagros manda sobre la enfermedad y la muerte, da órdenes al viento y al mar, con la autoridad y el poderío del Creador mismo. Sin embargo, este hombre que utiliza el yo con la audacia y la pretensión más sorprendentes, posee al propio tiempo una perfecta humildad y una discreción llena de delicadeza. Una humilde pretensión de divinidad que constituye un hecho singular en la historia y que pertenece a la esencia misma del cristianismo.

En cualquier otra circunstancia -piénsese de nuevo en Buda, en Confucio o en Mahoma–, los fundadores de religiones lanzan un movimiento espiritual que, una vez puesto en marcha, puede desarrollarse con independencia de ellos. Sin embargo, Jesucristo no indica simplemente un camino, no es el portador de una verdad, como cualquier otro profeta, sino que Él mismo es el objeto propio del cristianismo. Por eso, la verdadera fe cristiana comienza cuando -como le sucedió a Olaizola– un creyente deja de interesarse simplemente por las ideas o la moral cristianas, tomadas en abstracto, y encuentra a Jesucristo como verdadero hombre y verdadero Dios.

Otros rasgos sorprendentes

Hay otro rasgo característico de la figura de Jesucristo que presenta un fuerte contraste con el anterior. Se trata de su humillación extrema en la hora de la muerte. Una paradoja absoluta. El que ha manifestado ser el propio Hijo de Dios, aquel que reunía a las multitudes y arrastraba tras sí a los discípulos, muere solo, abandonado e incluso negado y traicionado por los suyos. También este rasgo es único.

Es el único Dios humillado de la historia. Además, va a la muerte como al núcleo principal de su misión. Y el Evangelio ve en la cruz el lugar en que resplandece la gloria del amor divino. Los Evangelios narran las dificultades que Jesucristo experimentó, incluso con sus propios discípulos, para lograr que sus contemporáneos aceptaran la idea de un mesianismo espiritual cuya realización pasaría, no por un triunfo político, sino por un abismo de sufrimiento, como preludio al surgir de un mundo nuevo, el de la Resurrección.

Y la descripción de la figura de Cristo en los Evangelios concluye con otro rasgo singular: el testimonio de su resurrección de entre los muertos. No hay ningún otro hombre del que se haya afirmado seriamente algo semejante.

La muerte de Jesucristo y la causa de su condena, son dos hechos materialmente inscritos en la historia, y que, como después veremos, hoy día ya nadie se atreve a negar: Jesucristo fue históricamente crucificado bajo Poncio Pilato a causa de su reivindicación divina. El hecho de su resurrección, sin embargo, sí es negado por algunas personas, que afirman que no se trata de algo empíricamente comprobable, y que por tanto sus apariciones después de muerto tendrían que deberse a una ilusión óptica, una sugestión o algún tipo de alucinación, producida sin duda por el deseo de que resucitara.

—Supongo que les parecerá una explicación más creíble de la Resurrección.

A mí en cambio me parece muy creíble que Dios, si realmente es Dios, haga cosas extraordinarias. Lo que me sorprende es el empeño de algunos por dar todo género de explicaciones –y su capacidad para aceptar cualquier cosa– antes que admitir que Dios pueda hacer algo que se salga de lo ordinario.

A quienes hablan de «ilusiones ópticas», por ejemplo, habría que recordarles que la reacción de los discípulos ante las primeras noticias de la resurrección de Cristo fue muy escéptica, pues estaban sombríos y abatidos, y aquel anuncio les pareció un desatino. Y está claro que no suelen producirse sugestiones, alucinaciones o ilusiones ópticas entre personas en actitud escéptica, y menos aún si esas sugestiones tienen que ser colectivas. Además, tampoco se explicaría por qué solo duraron cuarenta días, hasta la Ascensión, y después ya nadie volvió a tenerlas.

Los guardias que custodiaban el sepulcro dijeron –y después lo han repetido muchos otros– que los discípulos robaron el cuerpo mientras ellos dormían: curioso testimonio el de unos testigos dormidos, y poco concluyente para intentar rebatir algo que –durante su supuesto sueño– les fue imposible presenciar.

Sin embargo, el testimonio de la resurrección dado por los apóstoles y por los primeros discípulos satisface plenamente las exigencias del método científico. Es de destacar, sobre todo, el asombroso comportamiento de los discípulos al comprobar la realidad de la noticia por las múltiples apariciones de Jesucristo. Si esas apariciones no fueran reales, no se explicaría que esos hombres que habían sido cobardes y habían huido asustados ante el prendimiento de su maestro, a los pocos días estén proclamando su resurrección, sin miedo a ser perseguidos, encarcelados y finalmente ejecutados, afirmando repetidamente que no pueden dejar de decir lo que han visto y oído: el milagro portentoso de la Resurrección, del que habían sido testigos por aquellas apariciones, y que había transformado sus vidas.

La historicidad es de tal índole –lo analizaremos

en el próximo capítulo– que la única explicación plausible del origen y del éxito de esa afirmación es que se trate de un acontecimiento real e histórico. Por otra parte, el testimonio de los Evangelios sobre la resurrección de Jesucristo es masivo y universal: todo el conjunto del Nuevo Testamento sería impensable y contradictorio si el portador y el objeto de su mensaje hubiese terminado simplemente con el fracaso de su muerte infamante en una cruz.

«Leyendo el Nuevo Testamento –escribe Tomás Alfaro–, puede verse que los Apóstoles eran hombres que creían fervientemente lo que decían. San Pedro fue crucificado cabeza abajo. San Andrés en un tipo de cruz que desde entonces lleva su nombre. San Pablo fue decapitado, pues era ciudadano romano y esta era la única pena capital que podían sufrir. Todos los apóstoles, menos Juan, sufrieron martirio. Y la misma suerte corrieron muchísimos de los primeros testigos de la fe cristiana, que dieron su vida por esa supuesta invención. Y en nuestros días sigue habiendo nuevos engañados que mueren por esa fe, o que, sin llegar al martirio gastan toda su vida en pos de un ideal sustentado por las palabras inventadas de un mito que no existió nunca. Los discípulos de este mito inventado, de esta patraña, se lanzaron por el mundo, sin importarles ningún peligro, para proclamar a los cuatro vientos su mentira o su locura, que ellos llamaban Evangelio, es decir, la buena noticia. Y esto para cumplir el mandato de un hombre que nunca existió o, lo que es menos plausible todavía, se habían inventado. Un líder verdadero puede tener más o menos fuerza. Pero una patraña tan descomunal hubiera tardado muy poco en ser descubierta. Se puede pensar que eran unos locos o unos mentirosos, pero parece más plausible pensar que eran hombres cuerdos y honestos, que sabían lo que querían, y que lo que querían merecía recorrer el mundo y morir por ello si era necesario. Y no solamente eran capaces de hacerlo ellos. También eran capaces de hacer que otros siguiesen su ejemplo. ¡Qué brillo de sinceridad debía verse en sus ojos para que ese traspaso del testigo se produjese! Pero lo más impresionante es que ese brillo sigue encendiendo. Dos mil años después sigue habiendo un brillo contagioso en los hombres que viven bien el cristianismo».

No saber lo que ha sucedido
antes de nosotros
es como ser incesantemente niños.

Cicerón

¿Existió realmente Jesucristo?

Realidad verdadera... ¿o una ficción?

—¿Y no pudo ser Jesucristo un fanático, o un esquizofrénico que se inventase su papel con gran genialidad?

«La verdad es que si esto fuera así –continúa Tomás Alfaro–, sería el mayor farsante de todos los tiempos. Porque encarnó con una exactitud impresionante dieciocho siglos de profecías anteriores a Él. Y de las distintas interpretaciones a esas profecías, no fue a elegir la más fácil ni la más agradable. Continuamente surgían en Israel supuestos Mesías que pretendían ser el libertador victorioso. Naturalmente, ellos y sus seguidores eran eliminados en poco tiempo por la potencia dominante del momento. Sus burdas doctrinas no les sobrevivían más allá de unos meses, tal vez unos años en el mejor de los casos. Pero no se sabe de un solo caso de un farsante que quisiera representar el papel de la profecía del Siervo Sufriente y morir de una manera tan cruel (y tan infame en aquellos tiempos)».

—Bueno, podría decirse que era un loco muy especial.

Pero tampoco eso cuadra. De un esquizofrénico con manía autodestructiva no cabría esperar ni la serena doctrina ni la vida ejemplar de Jesucristo.

—¿Y la fe en Jesucristo no podría ser una simple ilusión, un hermoso sueño forjado por la humanidad?

Si se analiza la coherencia de la figura de Jesucristo, y su conveniencia en el corazón de la condición humana y de la historia –apunta André Léonard–, puede verse que no se trata de una coherencia artificial que el espíritu humano hubiera podido inventar, y después dominar, como si fuera una ilación lógica que caracteriza a un sistema filosófico bien trabado o a una ideología hábilmente adaptada a la mentalidad ambiental. Es algo muy distinto. Se trata de una coherencia tan compleja, tan contrastada, tan imprevisiblemente vinculada a un gran número de realidades históricas, que es totalmente imposible de construir por un esfuerzo de lógica.

De la figura de Jesucristo, tal como aparece en el Nuevo Testamento, emana un enorme poder de convicción. Se presenta con una capacidad de captación tan singular que la historia de los hombres no ha conocido nada semejante. Un poder de captación que, además, hace su figura convincente, pero no ineludible. Dios desea ser amado libremente por unas criaturas libres, y no una adhesión forzada por parte del hombre. Por eso, nuestra existencia empieza, y debe empezar, por el claroscuro de esta vida terrena, marcada por la no evidencia de Dios.

La garantía de la historia

—Pero siempre queda la posibilidad de que la figura de Jesucristo hubiera sido resultado de una inconsciente y casual creación del genio humano. ¿No podría ser como una proyección consoladora, como una objetivación en-

gañosa de los deseos ocultos del hombre, sediento de una dicha que no posee?

Son muchas las esperanzas psicológicas, filosóficas o religiosas del ser humano que pueden explicarse por construcciones parecidas. Pero ese tipo de interpretaciones proyectivas presentan un obstáculo insalvable cuando se quieren aplicar al caso del cristianismo:

Los acontecimientos fundacionales de la fe cristiana son rigurosamente históricos.

La objeción según la cual toda la religión cristiana podría ser una simple ilusión reconfortante puede llegar a inquietar profundamente a algunos creyentes. Sin embargo, la esencial referencia histórica del cristianismo hacia sus acontecimientos fundacionales, le distingue radicalmente y desde un principio de todas las construcciones humanas. Hay una diferencia abismal entre la fe cristiana, inscrita en los hechos de la historia, y los mitos intemporales de las religiones antiguas, que carecen de historia y solo muestran de esta la apariencia superficial de una narración. Además, en

Jesucristo se da una situación poco frecuente respecto a otros personajes de la Antigüedad.

La existencia histórica de Jesucristo está testimoniada por documentos de tres culturas diferentes: la cristiana, la romana y la judía.

El testimonio de tres culturas

Es perfectamente comprobable que Jesús de Nazaret es el nombre de una persona histórica que vivió en Palestina bajo los emperadores Augusto y Tiberio, y que nació el año 6 o 5 antes de nuestra era (años 748 o 749 de la fundación de Roma), y murió el 7 u 8 de abril (14 o 15 del mes de Nisán) del año 30 de nuestra era, bajo el poder del procurador Poncio Pilato.

El historiador romano Tácito ya mencionaba de pasada en sus *Annales* –escritos hacia el año 116 a partir de las Actas de los archivos oficiales del Imperio– la condena al suplicio de un cierto *Christus* por el procurador Poncio Pilato, durante el imperio de Tiberio. Bien es sabido, por otra parte, que Tácito tenía pocas razones para interesarse por la oscura aventura de un profeta judío en un rincón perdido del imperio. Si menciona el nombre de *Christus* se debe únicamente a que el relato de la vida de Nerón le lleva a hablar de los cristianos en relación con el incendio de Roma del año 64. Pero el nombre queda citado.

Hay muchos otros testimonios de Jesucristo totalmente externos al Nuevo Testamento. Aparecen diversas menciones en una carta escrita hacia el año 112 por Plinio el Joven a su tío el emperador Trajano. Otras de Suetonio, secretario de Adriano, en su *Vidas de los Césares,* hacia el año 120. También de Flavio Josefo, conocido historiador judío, en sus *Antigüedades judías,* del año 94. El mismo *Talmud* de los judíos hace varias referencias despectivas acerca de Jesús, como un hereje que sedujo y extravió al pueblo de Israel interpretando torcidamente la *Thorá*. El griego Luciano de Samosata presenta a Jesús como un vulgar embaucador. Y Celso, un filósofo pagano, como un peligro para la sociedad.

Nadie se atrevería a calificar de interesados o comprometidos con la fe cristiana a esos autores que –sin saberlo– han contribuido a probar inequívocamente la existencia histórica de Jesús de Nazaret.

Los testimonios son tan incontrovertibles que hace ya mucho tiempo que ningún historiador serio se atreve a negar la existencia histórica de Jesucristo y de sus discípulos.

A la ciencia del siglo XIX le gustaba presentar un universo determinista donde la libertad humana apenas tenía cabida, y donde no hacía ninguna falta contar con la intervención de Dios. El poder de ese cientificismo fue formidable, en parte porque la religiosidad popular cristiana de por entonces estaba, en muchos sentidos, bastante poco cultivada.

Sin embargo, a medida que ha ido avanzando la ciencia, se ha hecho más compatible con la fe. Lo que entonces parecía fuente de incredulidad, hoy nos muestra lo contrario. «Todavía a comienzos del siglo XX –escribe Pedro Laín Entralgo– circulaban por las librerías publicaciones con el título «Jesucristo nunca ha existido» u otros semejantes. Ya no es posible. La investigación histórica rigurosa ha eliminado tales desvaríos. La existencia real de Jesús de Nazaret puede ser afirmada con el mismo grado de certidumbre con que afirmamos la de Sócrates o de Atila. Los Evangelios no son tan solo fundamento de una fe religiosa, son también documentos históricos fiables, aunque, desde luego, susceptibles de análisis y de crítica. La existencia de Jesucristo no es objeto de una creencia religiosa en sentido estricto, sino una certidumbre de carácter histórico, una convicción impuesta por testimonios y argumentos enteramente fiables».

Pronto se arrepiente
el que juzga apresuradamente.

Pablio Siro

Valor histórico de los Evangelios

¿Merecen credibilidad los Evangelios que conocemos?

—No voy a ser yo quien niegue ahora la existencia de Jesucristo. ¿Pero cómo sabemos que los Evangelios merecen credibilidad sobre lo que hizo y lo que dijo?

Un libro histórico –como son los Evangelios– merece credibilidad cuando reúne tres condiciones básicas: ser auténtico, verídico e íntegro. Es decir, cuando el libro fue escrito en la época y por el autor que se le atribuye (*autenticidad*), el autor del libro conoció los sucesos que refiere y no quiere engañar a sus lectores (*veracidad*), y, por último, ha llegado hasta nosotros sin alteración sustancial (*integridad*).

Los Evangelios parecen auténticos, en primer

lugar, porque solo un autor contemporáneo de Jesucristo o discípulo inmediato suyo pudo escribirlos. Si se tiene en cuenta que en el año 70 Jerusalén fue destruida y la nación judía desterrada en masa, difícilmente un escritor posterior, con los medios que entonces tenían, habría podido describir bien los lugares; o simular los hebraísmos que figuran en el griego vulgar en que está redactado casi todo el Nuevo Testamento; o inventarse las descripciones que aparecen, tan ricas en detalles históricos, topográficos y culturales, que han sido confirmadas por los sucesivos hallazgos arqueológicos y los estudios sobre otros autores de aquel tiempo. Los hechos más notorios de la vida de Jesús son perfectamente comprobables mediante fuentes independientes de conocimiento histórico.

Respecto a la integridad de los Evangelios, nos encontramos ante una situación privilegiada, pues desde los primeros tiempos los cristianos hicieron numerosas copias en griego y en latín, para el culto litúrgico y la lectura y meditación de las escrituras. Gracias a ello, los testimonios documentales del Nuevo Testamento son abundantísimos. En la actualidad se conocen más de 6.000 manuscritos griegos. Hay además unos 40.000 manuscritos de traducciones antiquísimas a diversas lenguas (latín, copto, armenio, etc.), que dan fe del texto griego que tuvieron a la vista los traductores. Nos han llegado 1.500 leccionarios de Misas que contienen la mayor parte del texto de los Evangelios distribuido en lecturas a lo largo de todo el año. Y a todo ello hay que añadir las frecuentísimas citas del Evangelio en obras de escritores antiguos, que son como fragmentos de otros manuscritos anteriores perdidos para nosotros.

Toda esta variedad y extensión de testimonios de los Evangelios constituye una prueba históricamente incontrovertible. Si lo comparáramos, por ejemplo, con lo que conocemos de las grandes obras clásicas, veríamos que los manuscritos más antiguos que se conservan de esas obras son mucho más distantes de la época de su autor. Por ejemplo: Virgilio (siglo V, unos 500 años después de su redacción original), Horacio (siglo VIII, más de 900 después), Platón (siglo IX, unos 1400), Julio César (siglo X, casi 1100), y Homero (siglo XI, del orden de 1900 años después). Sin embargo, hay papiros de los Evangelios datados en fechas muy cercanas a su redacción original (gracias a los avances de los estudios filológicos, se pueden datar con gran precisión): el Códice Alejandrino, unos 300 años después; el Códice Vaticano y el Sinaítico, unos 200; el papiro Chester Beatty, entre 125 y 150; el Bodmer, aproximadamente 100; y el papiro Rylands, finalmente, dista tan solo 25 o 30 años.

—Pero aunque los manuscritos sean muchos y muy antiguos, siempre los copistas pudieron hacer interpolaciones o deformar algunos pasajes. Supongo que no se puede asegurar que haya una certeza total sobre el texto que conocemos.

Ten en cuenta que, habiendo tantísimas copias y de procedencia tan diversa (son decenas de miles, en varios idiomas, y encontradas en lugares y fechas muy distantes), es facilísimo desenmascarar al copista que hace alguna alteración del texto, porque difiere de las demás copias que nos han llegado. Han aparecido, de hecho, un reducido número de falsificaciones o copias *apócrifas*, pero siempre se han detectado con facilidad gracias a la prodigiosa coincidencia del resto de las versiones.

Así se ha venido comprobando a lo largo del propio proceso histórico de descubrimiento de los diversos manuscritos. Por ejemplo, en el siglo XVI se hicieron numerosas ediciones impresas basadas en profundos estudios críticos sobre copias manuscritas, algunas de las cuales se remontaban hasta el siglo VIII, que era lo más antiguo que se conocía entonces. Posteriormente se encontraron códices de los siglos IV y V, y concordaban sustancialmente con aquellos textos impresos. Más adelante, se han ido encontrando cerca de cien nuevos papiros escritos entre los siglos II y IV, la mayoría procedentes de Egipto, que han resultado coincidir también de forma sorprendente con las copias que se tenían.

Teniendo en cuenta la diversísima procedencia de cada uno de esos documentos –repito que son decenas de millares, procedentes de lugares muy distintos–, cabe deducir que la prodigiosa coincidencia de todas las versiones que nos han llegado es un testimonio aplastante de la veneración y fidelidad con que se han conservado los Evangelios a lo largo de los siglos, así como de su autenticidad e integridad indiscutibles.

El Nuevo Testamento es, sin comparación con cualquier otra obra literaria de la antigüedad, el libro mejor y más abundantemente documentado.

¿Es verdad lo que cuentan los Evangelios?

Respecto a la veracidad de los Evangelios, podrían señalarse multitud de razones. Pascal, refiriéndose al testimonio que dieron con su vida los primeros cristianos, señala un argumento muy sencillo y convincente:

Creo con más facilidad las historias cuyos testigos se dejan martirizar en comprobación de su testimonio.

Haber llegado a la muerte por ser fieles a las enseñanzas de los Evangelios otorga a esas personas una fuerte garantía de veracidad. Por lo menos, se conocen pocos mentirosos que hayan muerto por defender sus mentiras.

Además, es bastante llamativo, por ejemplo, que los evangelistas no callen sus propios defectos ni las reprensiones recibidas de su maestro, así como que relaten hechos embarazosos para los cristianos, que un falsificador podría haber ocultado. ¿Por qué no se han corregido, o al menos pulido un poco, los pasajes más delicados? ¿Qué razones hay, por ejemplo, para que se narre la traición y dramática muerte de Judas, uno de los doce apóstoles, elegido personalmente por Jesucristo? Ha habido muchas oportunidades –señala Vittorio Messori– para omitir ese episodio, que desde el inicio fue motivo de escarnio contra los cristianos (¿Qué clase de profeta es este –ironizaba Celso–, que no sabe siquiera elegir a sus seguidores?). Sin embargo, el pasaje ha llegado inalterado hasta nosotros. La única explicación razonable es que este hecho, por desgraciado que fuera, ocurrió realmente. Los evangelistas estaban obligados a respetar la verdad porque, de lo contrario –y dejando margen a otros motivos–, las falsificaciones habrían sido denunciadas por sus contemporáneos. Los cristianos fueron en aquellos tiempos objeto de burlas, se les consideró locos, pero no se puso en discusión que lo que predicaran no correspondiera a la verdad de lo que sucedió.

Además, puestos a inventar, difícilmente los evangelistas hubieran ideado episodios como la huida de los apóstoles ante la Pasión, la triple negación de Pedro, las palabras de Cristo en el Huerto de los Olivos o su exclamación en la cruz («Dios mío, Dios mío, ¿por qué me has abandonado?»), sucesos que nadie habría osado escribir si no hubieran sido escrupulosamente reales, pues resultaban muy contrarios a la idea de un Mesías, victorioso y potente, tan arraigada en la mentalidad hebrea de la época. Ante contrastes de este tipo, el propio Rousseau, nada sospechoso de simpatía hacia la fe católica, solía afirmar, hablando de los Evangelios: «¿Invenciones...? Amigo, así no se inventa».

En estos dos últimos siglos se ha pretendido innumerables veces negar la veracidad de los Evangelios. Sin embargo, los avances científicos han ido evidenciando que la mayoría de esos argumentos estaban dictados por el prejuicio ideológico. Y toda esa crítica, que en algunos momentos pareció poner en crisis la fe tratando de eliminar su base histórica, ha logrado más bien, como de rebote, fortalecerla. Un gran número de sucesivos descubrimientos ha ido barriendo poco a poco toda la nube de hipótesis que se habían formado en su contra. «Hoy –asegura Lucien Certaux–, después de dos siglos de ensañamiento crítico, estamos descubriendo con sorpresa que, posiblemente, el modo más científico de leer los Evangelios es leerlos con sencillez».

¿Hubo realmente milagros?

—¿No es un poco infantil creer en los milagros? Mucha gente sostiene que todos tienen una explicación natural...

Efectivamente –te respondo glosando ideas de André Frossard–, muchos han buscado dar una explicación *natural* a los milagros del Evangelio.

Los progresos de la medicina –aseguran esas personas– sugieren hoy día posibles explicaciones naturales a los milagros de curaciones de paralíticos, sordomudos, endemoniados, etc. Por ejemplo, todas las enfermedades pasan por fases de remisión, sobre todo contando con la sugestión que podía darse en estos casos, y con que no se sabe si luego recayeron en su mal. También explican fácilmente la resurrección de muertos. Dicen que en aquella época los certificados de defunción se extendían por simples apariencias, y no es de extrañar que algunos luego se reanimaran (según estos hombres, el número de personas enterradas vivas en la antigüedad debió ser enorme). Otros milagros, como caminar sobre las aguas, o la multiplicación de los panes, los explican como efecto de espejismos, ilusiones ópticas o cosas semejantes. Y los fenómenos sobrenaturales, como modos ingenuos de explicar a los espíritus sencillos las realidades habituales difíciles de entender. Para todos los milagros, incluso para los más espectaculares, encuentran una sencilla explicación. El del paso del Mar Rojo, por ejemplo, aseguran que pudo perfectamente producirse por efecto de un movimiento sísmico o atmosférico que habría separado el mar en dos y, al cesar bruscamente el golpe de viento con el paso del último hebreo, las líquidas murallas del mar se volvieron a juntar engullendo a los soldados del faraón.

Desde luego, hay explicaciones naturales de los milagros más milagrosas aún que los propios milagros.

Parece como si esas personas, que se afanan tanto por enseñarnos a leer *de una forma madura* el Evangelio, tuvieran miedo de ser tildadas de espíritus simplistas, y por eso hacen gala de un ingenio muy notable para racionalizar la fe y eliminar de ella todo fenómeno sobrenatural, sugiriendo a cambio asombrosas interpretaciones figuradas, simbólicas o alegóricas. Al final, acaban queriendo que creamos que lo único verdadero de todos los Evangelios son las notas a pie de página que ellos ponen.

Sin embargo, se les podría objetar que, desde los orígenes, todos los grandes espíritus nacidos de la fe cristiana han dado crédito a los relatos –evidentemente milagrosos– de la Anunciación, de la Ascensión o de Pentecostés, sin prestarse jamás a ese tipo de interpretaciones. Por otra parte, no se tiene noticia de que ninguno de esos expertos en enseñarnos a *interpretar* la Sagrada Escritura haya tenido jamás siquiera alguna de las alucinaciones o espejismos a las que tanto recurren para explicar los milagros que han sucedido a los demás. Tendrían que explicarnos cómo pudieron ser tan corrientes en aquella época, y además de modo colectivo y ante personas enormemente escépticas ante ellos. Quizá sea porque como ellos nunca han visto a un ángel, ni se han encontrado con un cuerpo glorioso –yo tampoco–, no admiten que nadie haya podido tener tan buena suerte. Acaban por parecerse a esas personas que se resisten a creer que Armstrong haya pisado la Luna por el simple hecho de no haber podido estar allí con él.

—Pero quizá cuando avance más la ciencia se encuentre explicación a esos milagros...

La creencia o increencia en los milagros –escribió Lewis– está al margen de la ciencia experimental. No importa lo que esta progrese: los milagros son reales o imposibles con independencia de ella. El incrédulo pensará siempre que se trata de espejismos o hechos naturales de causas desconocidas. Pero no por imperativos de la ciencia, sino porque de antemano ha descartado la posibilidad de lo sobrenatural.

—¿Y te parece muy importante para la fe admitir los milagros?

El Evangelio sin milagros queda reducido a una colección de amables moralejas filantrópicas. La predicación de los apóstoles y el testimonio de los mártires perdería casi todo su sentido. Por otra parte, si los milagros son imposibles, no se puede creer que Dios se hizo hombre, ni su resurrección, que son milagros centrales de la fe cristiana. «Desechados los milagros –asegura Lewis–, solo queda, aparte de la postura atea, el panteísmo o el deísmo. En cualquier caso, un Dios impersonal que no interviene en la Naturaleza, ni en la historia, ni interpela, ni manda, ni prohíbe. Este es el motivo capital por el que una divinidad imprecisa y pasiva resulta para algunos tan tentadora».

PARA PENSAR PARA ACTUAR...

Para recordar...

La sensatez de la decisión humana
sobre la religión
está en acertar con la verdadera
y vivir conforme a ella.

El carácter rigurosamente histórico
de los acontecimientos fundacionales
de la fe cristiana
está testimoniado por documentos
de tres culturas diferentes:
la cristiana, la romana y la judía.

Para pensar...

Siempre se ayuda la mentira
de lo cierto
para atacar a la verdad.

Séneca.

Hasta donde hemos perdido
la creencia,
hemos perdido la razón.

G. K. Chesterton.

Para ver...

- El hombre que hacía milagros (Derek W. Hayes y Stanislav Sokolov).
- Jesús de Nazaret (Franco Zefirelli).
- La ciudad de la alegría (Roland Joffè).

Para leer...

- Juan Pablo II, *Cruzando el umbral de la esperanza*, Plaza & Janés.
- C. S. Lewis, *Mero cristianismo*, Rialp.
- Alfonso Aguiló, *25 cuestiones actuales en torno a la fe*, Col. Hacer Familia nº 59, Ed. Palabra.

Para hablar...

Mantener una conversación entre los padres –y comentarlo después en un rato de tertulia familiar– sobre cómo cada uno podría lograr un mejor conocimiento de su fe, y en particular de la Sagrada Escritura y del Magisterio de la Iglesia.

Para actuar...

SITUACIÓN:

Durante las vacaciones de verano Nuria está saliendo con un chico extranjero que vive desde hace unos meses en su ciudad. Se llama Michael y tiene 17 años, como ella. Es buen estudiante, y bastante inquieto intelectualmente. Los hermanos de Nuria, para meterse un poco con ella, le llaman «el filósofo», y le toman el pelo por su modo de ser un tanto seguro y sentencioso.

Michael es protestante, pero asegura ser muy respetuoso con las creencias de los demás. Dice que no hay ningún problema en que Nuria sea muy católica y él no. Afirma que «en el fondo apenas hay diferencia», puesto que los dos están de acuerdo en lo fundamental: «Creo que vosotros –dice Michael– tenéis un concepto un tanto estrecho del cristianismo. No deben verse las diversas iglesias como rivales, sino como complementarias. Todos vamos a lo mismo, y entre todos podemos proporcionar una oferta religiosa más completa».

Pasadas unas semanas, se fue viendo que, a pesar de todo lo dicho, Michael pertenecía a un sector protestante bastante hostil hacia el catolicismo. Aseguraba que la Iglesia católica era arrogante y orgullosa, que miraba a las personas de las demás iglesias como destinadas a la condenación, que habían puesto a un hombre –al Papa– en el lugar de Jesucristo, y que pretendían imponer una moral agobiante a base de amenazas. Discutía bastante sobre esto con Nuria. Ella intentaba rebatirle –con muy poco éxito–, aunque ante sus padres y sus hermanos siempre defendía a su novio. Decía que aunque Michael fuera crítico con la Iglesia, luego la acompañaba a Misa los domingos y le había dicho que respetaría siempre sus creencias.

OBJETIVO:
Lograr que Nuria sepa entender y explicar bien su fe.

MEDIOS:
Abordar con profundidad los puntos que Michael plantea.

MOTIVACIÓN:
Los padres de Nuria no tienen mucha formación religiosa, y no saben bien cómo

responder a todas esas cuestiones. Lo comentaron con Juan, que es el hermano mayor y siempre ha estado muy unido a Nuria.

HISTORIA:
Juan invitó a su hermana y a Michael a un día de excursión. Tuvieron tiempo de hablar con calma. No tardaron en entrar en materia, pues a Michael le encantaba hablar sobre esto y se sentía muy seguro. Juan le preguntó por qué tenía tanta animadversión hacia la Iglesia católica, sobre todo después de defender que no había que ver a las diversas iglesias como rivales. «Es porque los católicos –contestó– han pervertido la fe cristiana y el verdadero seguimiento de Jesucristo».
Pararon a la orilla de un río y siguieron charlando mientras Nuria se metía un rato en el agua. En determinado momento, Juan preguntó a Michael: «Y si os casarais Nuria y tú, ¿dejarías que vuestro hijo fuera católico?». Él contestó: «Nuria ya se va dando cuenta de que está engañada en la Iglesia católica. Desde luego, a mis hijos les ahorraré ese paso».
Nuria había vuelto ya del río y estaba unos metros más atrás, pero Michael no advirtió su presencia. Ella escuchaba con atención. La conversación siguió, y fue quedando claro que Michael no era tan tolerante como al principio

se presentó. Juan estuvo comentando que el Nuevo Testamento recoge en varias ocasiones que Jesucristo fundó una sola Iglesia, y que la Iglesia es la Esposa de Cristo –y solo puede haber una esposa–, y que es universal, sin restricciones ni exclusivismos. La Iglesia católica no ve a las demás iglesias como «rivales», ni a sus miembros como «destinados a la condenación». Reconoce en ellas muchos elementos de santificación y de verdad, pues Cristo se sirve de ellas como medios de salvación, aunque su fuerza proviene de la plenitud de gracia y de verdad que Cristo ha confiado a la Iglesia católica.

RESULTADO:
Aquel día de excursión fue muy provechoso para los tres. Juan acabó sabiendo bastante sobre las iglesias protestantes, Michael tuvo oportunidad de conocer mejor la realidad de la Iglesia católica, y Nuria de darse cuenta de que la postura de su novio en lo relativo a la fe no dejaba casi ningún margen en cuanto a la educación de los hijos: se lo había escuchado bien claro. Como ella siempre consideró este punto como muy importante, aquel noviazgo no duró mucho.

PARTE TERCERA "C"

Lo peor que hacen los malos
es obligarnos a dudar de los buenos.

Jacinto Benavente

OBJECIONES A LA IGLESIA CATÓLICA

*Es mejor cojear por el camino
que avanzar a grandes pasos fuera de él.
Pues quien cojea en el camino,
aunque avance poco, se acerca a la meta,
mientras que quien va fuera de él,
cuanto más corre, más se aleja.*

San Agustín

Los renglones torcidos de Dios

¿Cómo Dios permite tantos errores?

En los años siguientes a la Primera Guerra Mundial –cuenta José Orlandis–, un joven llamado Gétaz, que ocupaba un alto cargo dentro del socialismo suizo, recibió de su partido el encargo de elaborar un dossier para una campaña que se pretendía lanzar contra la Iglesia católica.

Gétaz puso manos a la obra, con la seriedad propia de un político helvético. Recogió multitud de testimonios, estudió la doctrina católica y la historia del cristianismo desde sus primeros siglos, y en poco tiempo logró reunir una amplísima documentación.

El resultado que se siguió de todo aquello, sin embargo, fue bastante sorprendente. Paso a paso, el joven político llegó al convencimiento de que la Iglesia católica no podía ser invención de hombres. Dos mil años de negaciones, sacudidas, cismas, conflictos internos, herejías, errores y transgresiones del Evangelio, la habían dejado, si no intacta, sí al menos en pie. Las propias deficiencias humanas que en ella se advertían a lo largo de veinte siglos –mezcladas siempre con ejemplos insignes de heroísmo y de santidad– fueron para él un claro argumento a favor de su origen divino: «Si no la hubiera hecho Dios –concluyó– habría tenido que desaparecer mil veces de la faz de la tierra».

El desenlace de todo aquel episodio fue muy distinto a lo que sus jefes habían pensado. Gétaz se convirtió al catolicismo, se hizo fraile dominico, y en su cátedra del *Angelicum*, en Roma, enseñó durante muchos años, precisamente, el tratado acerca de la Iglesia. Sus clases tenían el interés de ser, en buena medida, como un relato autobiográfico: como el eco del itinerario de su propia conversión.

—Pero la reacción de muchos otros ante las miserias de los miembros de la Iglesia es bien

distinta. Me pregunto si no habría sido mejor, ya que Dios lo puede todo, que al menos los ministros de su Iglesia hubieran estado exentos de tantos vicios...

Si Jesucristo hubiera tenido que valerse solo de ministros total y permanentemente buenos, se habría visto obligado a realizar constantemente pequeños o grandes milagros alrededor de esas personas. Tendría que intervenir cada vez que una de ellas fuera a cometer cualquier error. Y no parece que eso sea lo mejor, entre otras cosas porque les privaría de la debida libertad.

Por otra parte, aunque a lo largo de los siglos los hombres que han compuesto la Iglesia han tenido muchas deficiencias humanas, hay que decir que la Iglesia católica es una institución de reconocido prestigio moral en todo el mundo.

Es verdad que ese prestigio se ve a veces empañado por las debilidades de algunos de sus miembros. Pero hay más de mil millones de católicos y casi un millón trescientos mil sacerdotes y religiosos (contando solo los actualmente vivos), y es natural que entre tantas personas haya de vez en cuando actuaciones desafortunadas.

Para ser justos, habría que mirar un poco más a la ingente multitud de católicos que a lo largo de veinte siglos se ha esforzado día a día por vivir cabalmente su fe y ayudar a los demás. Y habría que fijarse en todos esos curas de pueblo que permanecen en lugares de los que ha huido casi todo el mundo. Y en el sacrificio de tantísimos religiosos y religiosas que lo han dejado todo para ir a servir a los desheredados de la fortuna, tanto en lejanas tierras de misión como en esos otros lugares olvidados de todos pero dramáticamente cercanos, y cuyo esfuerzo tantas veces solo es observado por Dios. «Repartidos por los parajes más agrestes u hostiles del mapa –señala Juan Manuel de Prada–, una legión de hombres y mujeres de apariencia humanísima y espíritu sobrehumano contemplan cada día el rostro de Dios en los rostros acribillados de moscas de los moribundos, en los rostros tumefactos de los enfermos, en los rostros llagados de los hambrientos, en los rostros casi transparentes de quienes viven sin fe ni esperanza. Son hombres y mujeres enjutos en cuyos cuerpecillos entecos anida una fuerza sobrenatural, un incendio de benditas pasiones que mantiene la temperatura del universo. Un día descubrieron que

Dios no era invisible, que su rostro se copia y multiplica en el rostro de sus criaturas dolientes, y decidieron sacrificar su vida en la salvación de otras vidas, decidieron ofrendar su vocación en los altares de la humanidad desahuciada. Si se dedicase la misma atención a la epopeya anónima y cotidiana de esos misioneros que a los escándalos que tanto se airean de vez en cuando, no quedaría papel en el mundo para escribirlo».

Creo en Dios, pero no en los curas

—A pesar de todo eso, muchos dicen que ellos sí creen en Dios, pero no en los curas, y que no tienen por qué hacer caso a lo que diga la Iglesia.

En lo de creer en Dios y no en los curas, estamos totalmente de acuerdo. Y precisamente porque la fe tiene por objeto a Dios, y no a los curas, hay que distinguir bien entre la santidad de la Iglesia y los errores de las personas que la componen.

La Iglesia no tiene su centro en la santidad de esas personas que hayan podido dar mal ejemplo (ni en las que lo han dado bueno), sino en Jesucristo. Por eso no tiene demasiado sentido que una persona deje de creer en la Iglesia porque su párroco no es ejemplar, o porque un personaje eclesiástico del siglo XVI hizo no sé qué barbaridad. A todos nos molesta la falta de coherencia de quien no da buen ejemplo. Y fue el mismo Dios quien dijo –puede leerse en el Nuevo Testamento– que a esos los vomitaría de su boca. Pero el hecho de que un cura –o muchos curas, o quien sea– actúe o haya actuado mal en determinado momento, no debería hacer perder la fe a nadie sensato. El hecho de que haya habido cristianos –laicos, sacerdotes u obispos– que se hayan equivocado, o hayan hecho las cosas mal, o incluso muy mal, aunque como católico y como persona me resulte doloroso, no debe hacerme perder la fe, ni pensar que esa fe ya no es la verdadera. Entre otras cosas, porque si tuviera que perder la fe en *algo* cada vez que viera que actúa mal alguien que cree en ese mismo *algo*, lo más probable es que ya no tuviera fe en nada.

Y cuando se recurre a esas actuaciones desafortunadas de eclesiásticos para justificar lo que no es más que una actitud de comodidad, o para obviar unas claudicaciones morales personales que no se está dispuesto a corregir, eso ya me parece más triste. Escudarse en los curas para resistirse a vivir conforme a una moral que a uno le cuesta aceptar, es –además de clerical– un poco lamentable.

Personalmente puedo decir, como tantísimas otras personas a las que he tratado, que a lo largo de mi vida he conocido a sacerdotes excepcionales. Sé que no todo el mundo ha sido tan afortunado. Mi consejo es que, si has tenido algún problema con alguno, que fuera de carácter difícil, o que quizá tuviera un mal día y no te tratara bien, o no llegara a comprenderte, o no te diera buen ejemplo, o lo que sea..., mi consejo es que no abandones a Dios por una mala experiencia con uno de sus representantes.

Nadie es perfecto –tampoco nosotros–,
y hemos de aprender a perdonar...
y a no echar a Dios las culpas
de la actuación libre de nadie.

El poder de la Iglesia

—Bueno, ¿y qué dices del poder civil y político de la Iglesia, tan activo durante algunos siglos...?

Antes de nada, debo insistir en que no tengo inconveniente en admitir que ha habido actuaciones y mentalidades erradas en pueblos cristianos, y que con frecuencia han caído en ellas personajes eclesiásticos.

Sin embargo, para ser justos, conviene enmarcar ese fenómeno en sus adecuadas coordenadas históricas, valorando todos los condicionantes de cada época. Por ejemplo, muchos de esos errores a los que te refieres fueron consecuencia de la enorme presión que ejercieron los poderes civiles para intervenir en la Iglesia e intentar utilizarla como un instrumento de lucha política. El hecho de que algunos eclesiásticos no lograran o no pudieran resistir esa intromisión, o se intoxicaran de la mentalidad imperante en una época determinada, es un error, indudablemente, pero un error que debe juzgarse en el contexto sociocultural de esa época concreta. De lo contrario, es fácil caer en una visión muy anacrónica, puesto que no se puede pretender que los hombres del siglo XVI pensaran como los hombres del siglo XXI.

La única época que no criticamos –señala Jean-Marie Lustiger– es la nuestra, porque nos parece evidente. Nuestra referencia actual es lo que a nosotros nos parece más acertado y sensato, pero basta una perspectiva de cincuenta o cien años para que sea palpable la relatividad de esos puntos de vista, aun los considerados en aquel momento como más razonables.

Por eso sería un anacronismo que juzgáramos una sociedad, una época anterior, desde una óptica que nos parece la ideal hoy, sin hacernos cargo del diferente marco histórico, como si nosotros estuviéramos al margen de la historia y fuéramos sus jueces.

Hecha esta salvedad, solo insistiría en que no se caiga en una visión simplista de la historia. Es triste que haya habido cobardías, errores y pecados.

Pero la vida de los hombres es una historia de pecado y de perdón de la que nadie ha quedado exento, tampoco los sinceramente creyentes y deseosos de santidad.

Y eso son cosas de la vida, no de la Iglesia.

La labor social de la Iglesia

—Hay gente que considera que la labor social de la Iglesia es poco eficaz.

Y otros dicen que esa preocupación social es una injerencia indebida. Parece que, si lo hace,

hace mal; si no lo hace, se le acusa de pasividad; y si solo da consejos, de ineficacia. Se ve que no es fácil agradar a todos, y más cuando muchas veces esas críticas son una simple estrategia para intentar negar a la Iglesia cualquier legitimidad en sus actuaciones.

Sin embargo, yo pediría a esos críticos que mostraran qué han hecho ellos en esa materia. O que digan qué instituciones han hecho a lo largo de la historia un servicio social como el que ha hecho la Iglesia católica. La preocupación efectiva que a través de sus instituciones ha demostrado la Iglesia, por ejemplo, en el campo de la educación, del cuidado de enfermos, deficientes, marginados, necesitados, etc., es realmente difícil de igualar.

Además, lo que la Iglesia hace fundamentalmente es responsabilizar a los cristianos –y a todos los hombres de buena voluntad que quieran escucharla–, para que iluminen con la luz de la fe todas las realidades humanas. La Iglesia no aporta soluciones concretas ni únicas a los problemas políticos o económicos, sino que ofrece unas claves para el desarrollo auténtico del hombre y de la sociedad.

Y esto es importante porque, aunque hay

ciertamente cálculos políticos errados, y decisiones económicas imprudentes, detrás de los principales problemas que aquejan a la humanidad hay siempre una resonancia de carácter ético que se remite a actos concretos de egoísmo en las personas.

Todas esas situaciones de crisis se verían muy aliviadas si el mensaje cristiano empapara más profundamente la vida de los hombres.

El cristianismo –escribe Ignacio Sánchez Cámara– constituye la raíz de los principales valores que sustentan nuestra civilización, incluidos los de quienes, tal vez por ignorancia, lo combaten. Resulta fácil diagnosticar en cada mal que nos agobia la ausencia clamorosa de un valor cristiano despreciado o ausente: el terrorismo, la violencia, la guerra, la corrupción, la insolidaridad, el materialismo... Y si del ámbito de la moral pasamos al de la cultura, habría que recordar no solo la contribución del cristianismo a la supervivencia y difusión de la cultura antigua clásica, sino también su labor de creación de las más elevadas obras, desde las catedrales al gregoriano, desde la mística a Bach. Podría decirse que el olvido de la religiosidad es una de las causas fundamentales de la degradación de la cultura contemporánea, y que el cristianismo constituye un poderoso instrumento para mejorar el mundo. Impedir la difusión social de los principios cristianos es privarnos no solo de una esperanza de salvación, sino también de todo un arsenal de principios que nos permiten ganar en excelencia y en dignidad.

Las riquezas de la Iglesia

—Pero, ¿y qué dices del gran patrimonio de la Iglesia católica?

La Iglesia ha ido levantando templos, hospitales, dispensarios, orfanatos, seminarios, escuelas y otros edificios, los que en cada momento –con mayor o menor acierto– se consideraron adecuados para mejor cumplir su misión.

Todo eso es un patrimonio que ha nacido en cada caso para el culto y para la evangelización, y que, por grande que pueda parecer –se ha acumulado a lo largo de dos mil años–, no es una fuente importante de beneficios, sino más bien lo contrario. En el mejor de los casos, equilibra los gastos de mantenimiento. Tiene sobre todo un valor de uso, que es el que suele justificar su existencia.

—Pero algunos de esos edificios tienen ahora un gran valor inmobiliario, y hay museos con obras de gran valor artístico. La Iglesia podría venderlo todo y entregarlo a los pobres.

Es verdad que hay cosas de gran valor, pero de muy difícil aprovechamiento mercantil. De entrada, la mayoría de los Estados prohíben vender los bienes de interés cultural. Además, ¿a quién iba a vender la Iglesia una catedral, o una iglesia de pueblo..., o el mismísimo Museo Vaticano? Por otro lado, sería como pedir al Ministro de Hacienda que enjugue el déficit público del país este año vendiendo todos los cuadros del Museo del Prado: no creo que juzgara muy bien la Historia semejante operación.

—¿Y por qué se adornan los lugares de culto con materiales preciosos de tanto valor?

La gente que se quiere se regala cosas de valor, aunque le supongan un sacrificio (o quizá precisamente por eso). La gente se adorna a sí misma con anillos de oro..., ¿por qué se les va a prohibir que regalen algo valioso para el culto a Dios o para una imagen que veneran?

—Pero esas cosas dan a la Iglesia una imagen de riqueza y opulencia...

Sería una visión superficial. Precisamente el hecho de no ser rica ha ayudado a la Iglesia a conservar mejor su patrimonio. Por ejemplo, las instituciones civiles suelen tener dinero abundante y cambian con frecuencia los sillones de sus concejales o parlamentarios, cosa que no sucede con las sillerías de las catedrales, que gracias a eso se mantienen durante siglos. El tener mucho dinero hace que las cosas se cambien y pierdan valoración histórica. La Iglesia tiene unos bienes que usa para poder cumplir con eficacia sus fines, y los va administrando como mejor sabe y puede, según su economía se lo permite. Y eso es algo tan claro hoy, que pocas personas sostienen ya seriamente que las finanzas de la Iglesia sean boyantes, o que los curas tengan grandes comodidades o unos sueldos altos. Es un viejo tópico que, afortunadamente, va quedando en el olvido.

En casi toda Europa
la conversión de un pueblo
comenzó por la acción de una mujer.

Régine Pernoud

¿Una antigua desconfianza hacia la mujer?

¿Inferioridad de la mujer?

—Muchos piensan que, aunque hayan mejorado mucho las cosas en los últimos tiempos, quedan en la Iglesia rastros de una antigua desconfianza hacia la mujer. Incluso he oído decir que la Iglesia tardó algunos siglos en reconocer que las mujeres tuvieran alma.

Desde luego, lo de la ausencia de alma en la mujer nunca lo pensó la Iglesia católica, y esto lo desmiente con rotundidad la historia: las santas y las mártires fueron veneradas desde los primeros siglos del cristianismo, y su glorificación brilla en todos los templos cristianos de la antigüedad, y siempre hubo tanto mujeres como hombres en el catálogo romano de canonizaciones.

Además, la Iglesia católica, como es sabido, venera desde los primerísimos tiempos a una mujer, la Virgen María, como madre de Dios y la más perfecta de las criaturas. Todo ello, como comprenderás, es poco compatible con semejante leyenda.

—¿Y no es cierto al menos que la Iglesia admitió que la mujer era inferior al hombre porque, según el relato del *Génesis*, fue creada después que él?

Hubo algunos pensadores cristianos lo bastante ridículos como para pretender que la mujer era un ser inferior, haciendo una interpretación realmente sorprendente de ese relato del *Génesis*. Pero su doctrina fue condenada por la Iglesia. Ya dijo Aristóteles que no había en el mundo idea absurda que no tuviera al menos algún filósofo para sostenerla; y se ve que eso puede extenderse a las muchas afirmaciones absurdas que se han hecho en torno a la teología católica a lo largo de los siglos. Hay que pensar que durante los primeros siglos del cristianismo, los concilios dedicaron mucho tiempo a condenar errores. Uno de ellos fue este.

Pero no pueden imputarse a la Iglesia las aberraciones que se vio obligada a denunciar y condenar.

Como decía André Frossard, eso sería como responsabilizar al Ministro de Justicia de todas las faltas que castiga el Código Penal.

—Pero San Pablo, por ejemplo, manda en una de sus epístolas que las mujeres se mantengan calladas en las asambleas.

Y con ello demuestra que ellas participaban en esas asambleas, algo absolutamente inimaginable durante muchísimos siglos en nuestras modernas y avanzadas asambleas parlamentarias occidentales.

Porque un sencillo análisis de la historia permite ver que la discriminación de la mujer ha sido un fenómeno muy extendido a lo largo de los siglos. Eso es algo lamentable, pero no es justo achacarlo a la Iglesia.

Por poner un ejemplo bien ilustrativo, el acceso general de la mujer al voto en las elecciones democráticas civiles de nuestras modernas sociedades occidentales comenzó con Finlandia en 1906, y no llegó a Estados Unidos hasta 1920, a Gran Bretaña hasta 1928, y a España hasta 1931. Otros países de nuestro entorno no alcanzaron el pleno derecho de sufragio femenino hasta mucho después: Francia en 1944, Italia en 1945, Bélgica en 1948, Andorra en 1970 y Suiza en 1971. Se ha discriminado mucho a la mujer en la historia de la democracia, pero la culpa no es de la democracia, sino de la visión de la mujer que tenía entonces la sociedad.

Para ser justo, hay que integrar ese comentario de San Pablo en la mentalidad imperante en aquellos tiempos. A nadie de esa época, fuera judío o romano, se le habría pasado por la cabeza dar a las mujeres tanto protagonismo como tienen en el Nuevo Testamento, totalmente impensable por aquel entonces (de hecho, fue durante mucho tiempo objeto de crítica por parte de muchos autores no cristianos). Sería más justo decir, en todo caso, que las fuertes exigencias de la moral cristiana contribuyeron a amortiguar aquella lamentable situación.

¿Por qué las mujeres no pueden ordenarse?

—Pero, ¿y lo del sacerdocio femenino?

Nos salimos un poco del objeto de este libro, porque se trata ya de un problema teológico, y no de una cuestión de razonabilidad de la fe. De todas formas, puedo decirte que la Iglesia católica afirma que hay un sacerdocio común de todos los fieles –varones y mujeres–; y que el sacerdocio ministerial corresponde solo a los varones, entre otras razones, porque no considera la Santa Misa una simple evocación simbólica o conmemorativa, sino la renovación incruenta del sacrificio de la Cruz; y como Jesucristo era un varón, y el sacerdote en la Santa Misa presta su cuerpo a Cristo, lo propio es que el sacerdote sea un varón.

—Entonces, ¿las mujeres no tienen ese derecho?

El sacerdocio no es un *derecho*, sino una *llamada*. Jesucristo llamó a los que quiso, y no puede pasarse por alto el hecho de que no eligió entre los doce apóstoles a ninguna mujer. Y es evidente que podía haberlo hecho con facilidad, pues a su lado iban siempre algunas mujeres (que le seguirían hasta la cruz, donde, por cierto, todos los apóstoles menos uno le abandonaron), y no habría extrañado en aquellos tiempos, en los que sí había sacerdotisas.

¿Por qué Jesucristo no eligió a ninguna? No es fácil saberlo. El caso es que tampoco lo hicieron los apóstoles al designar a sus sucesores, y desde los primeros tiempos la Iglesia ha seguido así –sin que esto suponga ningún menoscabo para la mujer– por fidelidad a la voluntad fundacional de Jesucristo.

Por otra parte, no se requiere ser sacerdote para alcanzar la santidad, ni debe considerarse la ordenación como un premio del que se ha privado a las mujeres. Se trata más bien de un servicio que corresponde a los varones. Por ejemplo, la misma Virgen María, asociada más que nadie al misterio de Jesucristo, no fue llamada al sacerdocio.

La Iglesia reconoce la igualdad de derechos del varón y de la mujer en la Iglesia, pero esa igualdad de derechos no implica identidad de funciones. A su vez, esa diferencia de funciones no concede un valor superior al varón sobre la mujer, pues los más grandes en la Iglesia no son los sacerdotes sino los santos.

El papel de la mujer

—De todas formas, no parece muy feminista por parte de la Iglesia...

El Papa y los obispos no pueden cambiar el comportamiento de Jesucristo. Reconocen y promueven el papel de la mujer, y han recomendado que participen las mujeres en la vida de la Iglesia sin ninguna discriminación, también en las consultas y en la elaboración de las decisiones, en los Consejos y Sínodos diocesanos y en los Concilios particulares.

«Precisamente porque soy profundamente feminista –concluyo con unas palabras de la escritora Régine Pernoud en *Le Figaro*–, la ordenación de mujeres me parece contraria a los intereses mismos de las mujeres. Se trata de algo que entraña el peligro de confirmar a las mujeres la creencia de que para ellas la promoción consiste en *hacer todo lo que hacen los varones*, como si su progreso fuera actuar exactamente como ellos.

»Que el hombre y la mujer tienen igualdad de derechos, nos lo ha enseñado el Evangelio. Los mismos apóstoles se quedan perplejos cuando Cristo anuncia la absoluta reciprocidad de deberes entre el marido y la mujer: tan evidente era que eso iba en contra de la mentalidad de la época.

»Esto hace más significativa la decisión de Cristo de escoger, entre los hombres y mujeres que le rodeaban, doce hombres que habían de recibir la consagración eucarística durante la Última Cena en el cenáculo de Jerusalén. Observemos que, en esa misma sala, las mujeres se encuentran mezcladas con los hombres para recibir la irrupción del Espíritu Santo en Pentecostés. Más que reivindicar el ministerio sacerdotal para las mujeres, ¿no habría más bien que recordar que lo que Cristo pidió a las mujeres es que fueran portadoras de la salvación?

»En el inicio del Evangelio está el sí de una mujer; en el final, otras mujeres se apresuran a ir a despertar a los apóstoles para comunicarles la noticia de la Resurrección; las mujeres son invitadas a transmitir la palabra: hay místicas, teólogas, doctoras de la Iglesia. En casi toda Europa la conversión de un pueblo comenzó por la acción de una mujer: Clotilde en Francia, Berta en Inglaterra, Olga en Rusia, por no hablar de Teodosia en España y Teodelinda en Lombardía. Pero el servicio sacerdotal se pide a los varones.

»Hoy se ve a muchas mujeres asumir las más amplias tareas de enseñanza religiosa o teológica. La desconfianza de la sociedad civil hacia la mujer, manifiesta en el mundo clásico, comenzó a disiparse muy recientemente. Lo deseable, al alba de este tercer milenio, es que se establezca el esperado equilibrio sin ninguna confusión».

Hay una impresión vaga, pero persuasiva,
de que expresar dudas
es signo de modestia y de democracia,
mientras que demostrar certidumbre
se considera dogmático y dictatorial.

Christopher Derrick

La autoridad de la Iglesia

Un problema de diccionario

—Hay católicos que se preguntan qué autoridad tiene la Iglesia para definir qué exige exactamente la moral católica. Dicen que ellos tienen una forma propia de entender lo que significa ser católico, y que no tiene por qué coincidir con lo que digan en Roma.

Si alguien dice que la Iglesia católica no puede definir en qué consiste la fe o la moral católicas, lo siento, pero no podríamos llamar católico a quien mantenga eso. Quizá una especie de nostalgia personal esté llevando a esa persona a querer mantener tal título de católico, pero –como decía

Christopher Derrick– se lo hemos de quitar con la mayor gentileza y caridad, y no porque lo diga el Papa, sino porque lo dice el diccionario.

La religión católica es algo bastante concreto. Se distingue básicamente de los luteranos, ortodoxos o anglicanos, entre otras cosas, en que sigue las enseñanzas de la sede apostólica romana. Por eso, si se considera importante la precisión terminológica, conviene aclarar que esas personas quieren llamarse católicos sin serlo realmente.

—Me temo que, ante ese planteamiento, muchos responderán que entonces no son católicos, porque ellos interpretan la Sagrada Escritura de otra manera y consideran que la Iglesia es un invento de hombres.

Es quizá la única salida que les queda, pero conduce a algunas contradicciones. Por ejemplo, ya que hablan de la Sagrada Escritura, habría que decirles que allí se lee bastante claro, y en pasajes diversos, que Jesucristo *instituyó la Iglesia*, que puso a Pedro como cabeza, y que le dio *las llaves del Reino de los Cielos*. Y consta también que confió a los apóstoles una misión de enseñanza y tutela de la doctrina: *id, pues, y haced discípulos a todas las gentes (...) enseñándoles a guardar todo lo que yo os he mandado*. Al tiempo que les aseguraba que no les dejaría solos *–he aquí que yo estaré con vosotros todos los días hasta el fin del mundo–*, sino que garantizaría el acierto de sus enseñanzas: *todo lo que atares en la tierra quedará atado en los cielos, y lo que desatares quedará desatado en los cielos*. Y les dio también poder para perdonar los pecados: *a quienes perdonéis los pecados, les quedan perdonados; a quienes se los retengáis, les quedan retenidos*. Etcétera.

Como ves, los textos son abundantes y, por otra parte, su autenticidad está notablemente contrastada. Si esas personas dicen aceptar el Evangelio como de Dios, les resultará francamente difícil negar que Jesucristo instituyó la Iglesia, le dio poder para enseñar con autoridad su doctrina, aseguró que estaría siempre a su lado, y que todo lo que atara en la tierra quedaría atado en el Cielo. Y lo menos que puede deducirse de tales frases es que Jesucristo preservaría a su Iglesia del error en las cuestiones en que, comprometiendo su autoridad, se pronunciara de forma solemne.

Peligrosas simplificaciones

—Pues me temo que entonces dirán que no hay que tomarse los Evangelios en un sentido tan literal. Que se trata simplemente de entender su mensaje de amor y de paz...

Así es como muchos llegan a reducir los Evangelios a unos simples libros moralizantes de gran interés, a una especie de *Iniciación a la vida dichosa*. Lo cual me parece muy respetable, lógicamente, porque cada cual es libre de pensar lo que quiera, pero sería reducir la figura de Jesucristo a un simple pensador antiguo con una filosofía más o menos atractiva, que lanzó unos mensajes muy interesantes. Pero eso no sería ya propiamente una religión, sino mostrar una cierta predilección por un pensador de la antigüedad.

La Sagrada Escritura –explica Joseph Ratzinger– es portadora del pensamiento de Dios, pero viene mediada por una historia humana, encierra el pensar y el vivir de una comunidad histórica. La Escritura no está aislada, ni es solamente un libro. Sin la Iglesia, le faltaría la contemporaneidad con nosotros, quedaría reducida a simple literatura que es interpretada, como se puede interpretar cualquier obra literaria. El Magisterio de la

Iglesia no añade una segunda autoridad a la de la Escritura, sino que pertenece desde dentro a ella misma. No reduce la autoridad de la Escritura, sino que vela para garantizar que la Escritura no sea manipulada.

—Pero esa autoridad eclesiástica podría también llegar a ser arbitraria.

Así podría suceder, si el Espíritu Santo no iluminase y guardase a la Iglesia. Pero ese velar del Espíritu Santo sobre la Iglesia es una realidad que el propio Jesucristo anuncia en la Escritura.

¿Intransigencia?

«El dogma excluye el debate –decía con cierta solemnidad un conocido personaje–; y la falta de debate excluye el pluralismo de opiniones, que es indispensable para el sano crecimiento de cualquier pensamiento religioso.

»La Iglesia –concluía– debería ser menos intransigente y mucho más liberal y pluralista, sobre todo porque necesita adaptarse a las diferentes culturas y a la evidente diversidad que hay en el mundo».

Quizá no sabía esa persona que dentro de la teología católica hay –además de los dogmas– una multitud de puntos sometidos a debate, con una pluralidad de opiniones enormemente rica y diversa. Cualquiera que lo observe con un poco de perspectiva, podrá darse cuenta de que siempre ha habido –y continuará habiendo– una gran variedad en las cuestiones que requieren una adaptación a lo cambiante de los tiempos o lugares. Son cuestiones sometidas habitualmente a un amplio debate, tanto interno como externo, que la Iglesia no rehuye.

Por otra parte, los dogmas –como señala Frossard– no imponen a la inteligencia unos límites que le estaría prohibido franquear, sino que, más bien, esos dogmas empujan a la inteligencia más allá de las fronteras de lo visible. No son muros, sino ventanas para nuestra limitación intelectual. Son ayudas divinas para poder llegar a verdades a las que la inteligencia, por su limitación (qué le vamos a hacer), no siempre tendría fácil acceso.

La Iglesia presenta tan solo un pequeño conjunto de verdades de fe. Pero difícilmente puede imaginarse una iglesia sin verdades de fe.

El católico –explica Christopher Derrick– tiene en su fe en los dogmas una piedra de toque de la verdad. Gracias a ella, puede comparar cualquier afirmación teológica con todo lo que ha venido diciendo sobre eso el Magisterio de la Iglesia durante dos mil años; y si hay un choque violento, su fe le dice que esa teoría será con el tiempo uno de los numerosos caminos cegados o calles sin salida que siembran la historia del pensamiento.

La postura de la Iglesia católica respecto a los dogmas es bien coherente:

- Las verdades de fe nos adentran en un orden de realidades al que nunca habríamos llegado con nuestras solas fuerzas intelectuales.
- Esas verdades de fe no quedan cerradas al pensamiento ni a la racionalidad, ni pretenden agotar las posibilidades de conocimiento que tiene el hombre.
- La Iglesia se limita a custodiar esas verdades, porque asegura que las ha revelado el mismo Dios.
- El hombre es libre de prestar o no su asentimiento a esos dogmas, pero debe hacerlo si quiere llamarse *católico* legítimamente.

A eso se reduce la intransigencia que algunos

achacan a la Iglesia católica, y que no es otra cosa que una serena y prudente defensa del depósito de la fe, bien alejada de cualquier intemperancia o fanatismo.

Lo único que reclama la Iglesia es libertad para expresar pública y libremente a los hombres la luz que su mensaje arroja sobre la realidad y sobre la vida.

La mayor sabiduría humana
es saber que sabemos muy poco.

Sócrates

¿Son necesarios los dogmas?

¿No es la Iglesia demasiado dogmática?

—Pero proponer dogmas..., ¿no supone caer irremisiblemente en actitudes dogmáticas?

Hay una gran diferencia entre ser un dogmático y creer firmemente en algo.

Las actitudes dogmáticas nacen de «imponer» dogmas, no de «proponerlos».

La Iglesia se dirige al hombre en el más pleno respeto de su libertad. La iglesia propone, no impone nada.

Creer es una consecuencia de la natural búsqueda de la verdad en la que todo hombre debía estar empeñado. Por el contrario, ser dogmático –caricatura del respeto a los dogmas– es lo que ha llevado a algunos hombres a caer en diversos fanatismos a lo largo de la historia, en los que con gran frecuencia se ha utilizado la fe como pretexto, cuando en realidad los móviles de fondo eran muy distintos. Pero sería injusto cargar a los dogmas la responsabilidad de acciones o actitudes de las que los únicos culpables son unos hombres que los malentendieron o manipularon.

—Pero hay cierto descontento en algunos ambientes con respecto a esta posición de la Iglesia, que consideran demasiado firme, incluso un poco radical.

Ese descontento se reduce a ámbitos bastante limitados. Casi todo el mundo entiende que la Iglesia ha de seguir un derecho y mantener un mínimo de disciplina. Una iglesia cuya fe se constituyera como simple equilibrio o agregación de las opiniones de sus miembros, no sería propiamente una iglesia sino un simple lugar de coincidencia de algunas preferencias particulares, una mera asociación privada.

Es cierto que en la Iglesia hay una unidad clara y firme. Pero se trata de una unidad que no excluye el pluralismo, que no nos hace caminar marcando el paso. Una gran unidad compatible con una gran diversidad, capaz de expresarse a través de muchas lenguas, pueblos y naciones, y capaz de incorporar las legítimas tradiciones de muchos lugares.

La Iglesia católica siempre ha tenido presente la diversidad propia de la cultura humana.

Por poner un ejemplo, el prólogo del *Catecismo de la Iglesia Católica* advierte de la necesidad de adaptar su doctrina, en cada lugar, a diversas exigencias ineludibles, entre las que incluye aquellas que dimanan de las diferentes culturas. Y aunque la adaptación a las culturas exige a veces rupturas con hábitos o enfoques incompatibles con la fe católica –puesto que la Iglesia está en la historia pero al mismo tiempo la trasciende–, subraya siempre los valores positivos de toda construcción cultural.

¿Intolerancia en la Iglesia?

—¿Y no es intolerancia por parte de la Iglesia condenar acciones o actitudes que en algunos casos están socialmente aceptadas, sin atender a las opiniones de quienes las defienden?

Afortunadamente, ser tolerante no es compartir en todo la opinión de los demás. Entre otras cosas, porque esa sería una forma bastante segura de volverse loco en poco tiempo.

Ser tolerante tampoco es dejar de mantener las propias convicciones porque estén poco de moda. De hecho, hacer eso sería también una buena forma de acabar pronto sin ninguna idea propia dentro de la cabeza.

Ser tolerante es reconocer y respetar a los demás su derecho a pensar de otro modo. Y la Iglesia lo hace.

Por otra parte, la tolerancia y el respeto al legítimo pluralismo, nada tienen que ver con una especie de relativismo que sostuviera que no existe nada que se considere intrínsecamente bueno y universalmente vinculante.

Si no hubiera cosas que están claramente mal y que no deben tolerarse, nadie podría, por ejemplo, recriminar legítimamente a Hitler el genocidio judío.

No hay que olvidar que ese genocidio se perpetró dentro de los amplios márgenes de la «justicia» y la «ley» nazis, establecidas a partir de unas elecciones democráticas que se realizaron de forma correcta. El problema es que si no hay referencia a una verdad objetiva, los criterios morales carecen de una base sólida, y tarde o temprano se produce una confusión acerca de lo que está bien o está mal. Entonces, la verdad acaba quedando en manos del poder. La sociedad queda a merced de quienes tienen el poder de crear opinión e imponerla a los demás. Si faltan referencias permanentes, basta una serie de intervenciones en los principales medios de comunicación para producir la impresión de que el sentir popular reclama una cosa u otra, y que todos han de adaptarse a eso.

Por otra parte, y como ha señalado Giacomo Biffi, a quienes piensan que la Iglesia es poco tolerante habría quizá que recordarles que la realidad histórica de la intolerancia, manifestada trágicamente como la matanza en masa de inocentes, entra en el acontecer humano precisamente con la irrupción política de la razón separada de la fe, con la llegada de la Ilustración. El principio de que es lícito suprimir colectivos enteros de personas por el solo hecho de ser consideradas un obstáculo para la imposición de determinada ideología, fue aplicado por primera vez en la historia en 1793, con la incansable actividad de la guillotina y con el genocidio de *La Vendée* contra los campesinos católicos. Y los frutos más amargos de esa semilla se han producido en el siglo XX –el siglo más sangriento que se conoce– a manos de totalitarismos ateos, con la masacre de los campesinos rusos por parte de los bolcheviques, con el genocidio nazi, las matanzas de camboyanos llevadas a cabo por los comunistas, etcétera.

—Admito que las sociedades con fundamentos cristianos sean efectivamente más tolerantes que las ateas, pero de la tolerancia personal de los cristianos no estoy tan seguro...

De la virtud de cada cristiano yo no puedo responder, pero pienso que las personas con convicciones religiosas arraigadas caen más difícilmente en actitudes intolerantes. Por aportar un dato significativo –aunque es solo un ejemplo–, un sondeo *Gallup* realizado recientemente en USA para la revista *First Things*, en el que se establecieron doce grados para medir la religiosidad, señalaba que el segmento de población considerado más religioso (el llamado *highly spiritually committed*, que alcanzaba al 13% de la población) corresponde a «las personas más tolerantes, más inclinadas a realizar actos caritativos, más preocupadas por la mejora de la sociedad, y más felices».

Quienes por su fe saben que el deseo de Dios es respetar las convicciones de los demás, tienen más posibilidades de respetar los derechos humanos, defender la libertad religiosa y proteger el santuario de la conciencia en una sociedad civil y libre.

En cualquier caso,
la Iglesia no tiene culpa de que
haya algún que otro católico
más o menos intolerante.
Eso son cosas de la vida,
no de la Iglesia.

¿Por qué hace proselitismo?

—La Iglesia dice que no puede haber una adhesión cristiana si no se trata de una adhesión libre, pero luego hace proselitismo. Y eso algunos lo entienden como una violencia, puesto que es querer llevar una doctrina a quien no ha pedido nada.

Si fuera válida esa argumentación, habría que prohibir también la publicidad, porque ofrece cosas que no se han pedido. Y llevada a su extremo, podría acabar con buena parte de la libertad de expresión.

El apostolado cristiano es dar testimonio de lo que uno considera que es la verdad, sin violentar a nadie. No es, de ninguna manera, una persuasión ni una imposición solapada. La Iglesia respeta las personas y las culturas, y, en frase de Juan Pablo II, *se detiene ante el sagrario de la conciencia.*

***La verdad cristiana
no debe imponerse más que
por la fuerza de la misma verdad.***

¿Por qué impone sanciones a teólogos?

—Entonces, si la verdad cristiana no debe imponerse, ¿cómo explicas que la Iglesia siga imponiendo sanciones a teólogos que mantienen posiciones demasiado «renovadoras»?

La Iglesia católica no obliga a ninguna persona a creer en nada. Lo que pasa es que algunos se han empeñado en presentar como mártires, objeto de clamorosas injusticias, a algunos sacerdotes y teólogos que pretenden seguir diciendo, *desde puestos oficiales de instituciones eclesiásticas*, cosas que no son de ninguna manera conciliables con la teología católica.

Cualquier persona, sea o no creyente, entiende que la Iglesia –como cualquier otra institución que no quiera acabar en la más lamentable de las confusiones– debe asegurar que las personas que la representan expresan con fidelidad su doctrina. Y aunque esa doctrina es compatible con la evidente multiplicidad del pensamiento cristiano, hay cosas que no son pluralidad sino contradicción.

Dentro de la misión de la Iglesia está verificar si una línea de pensamiento o de expresión de la fe pertenece o no a la verdad católica. Y mantener esas garantías exige un Derecho, y una autoridad que juzgue conforme a él y que luego se ocupe de aplicar sus decisiones.

Y hay que decir que los procedimientos judiciales de la Iglesia son mucho más respetuosos y contemporizadores que los que se emplean en el mundo judicial civil. No hay más que leer el Código de Derecho Canónico para ver que la Iglesia no es una institución sometida a lo arbitrario. Se respeta enormemente el derecho de las personas, y eso aun a costa de incurrir a veces en cierta lentitud.

Una conducta desarreglada aguza el ingenio y falsea el juicio.

De Bonald

Si moderara sus exigencias...

¿No lograría más adhesiones?

—¿Y no crees que si la Iglesia moderara sus exigencias, habría más creyentes?

Francamente, creo que no. Hay personas que aseguran que tendrían fe si vieran resucitar a un muerto, o si la Iglesia rebajara sus exigencias en materia sexual, o si las mujeres pudieran llegar al sacerdocio, o simplemente si su párroco fuera menos antipático. Pero es muy probable que, si se cumplieran esas condiciones, su increencia encuentre enseguida otras. Porque, como dice Robert Spaemann, la persona que no cree es incapaz de saber bajo qué condiciones estaría dispuesta a creer. Y los que no creen porque su relajo moral se lo estorba, pienso que tampoco creerían aunque un muerto resucitara ante sus propias narices. Enseguida encontrarían alguna ingeniosa explicación que les dejara seguir viviendo como hasta entonces.

—Pero, aunque no fuera para «captar» creyentes, la Iglesia podría moderar sus exigencias en beneficio de los que sí creen. Me parece que fue el mismo Santo Tomás quien dijo que en el punto medio está la virtud...

Lo dijo, efectivamente, pero se refería al punto medio entre dos extremos erróneos, no a hacer la media aritmética entre la verdad y la mentira, o entre lo bueno y lo malo. Porque eso sería incurrir en algo parecido a lo que dijo hace tiempo un parlamentario de nuestro país: *Cuando alguien dice que dos más dos son cuatro, y sale otro diciendo que dos más dos son seis, siempre surge un tercero que, en pro del necesario diálogo y respeto a las opiniones ajenas –todo sea por la moderación y el entendimiento–, acaba concluyendo que dos más dos son cinco. Y no faltarán quienes lo consideren como un hombre conciliador y tolerante.*

La Iglesia –igual que hace cualquier persona sensata– defiende lo que considera verdadero, y no quiere aguar esa verdad. Nadie debería llamar intolerancia a eso, que no es más que defender con coherencia las propias convicciones. Si alguien se quejara, demostraría tener un concepto bastante intolerante de la tolerancia.

¿Por qué no pueden casarse los curas?

—No entiendo por qué la Iglesia católica no permite que se casen los curas, o que se ordenen personas casadas. Sobre todo, pensando en la preocupante escasez de sacerdotes.

La Iglesia católica de Occidente –te respondo glosando ideas de Jean-Marie Lustiger– ha hecho la elección de escoger a sus sacerdotes entre hombres que han recibido el carisma del celibato. Es algo más que una simple disciplina canónica: es una opción inspirada por el mismo Cristo. Pero es cierto que mantiene y recuerda también la posibilidad y su derecho de ordenar a hombres casados. Esa es la tradición, por ejemplo, de las iglesias católicas de rito oriental unidas a Roma.

Respecto a lo que dices sobre la acuciante falta de sacerdotes, la cuestión del matrimonio no se ha demostrado determinante ni decisiva respecto a las nuevas vocaciones. Y es algo que puede verificarse fácilmente. Basta con fijarse en las iglesias orientales (en las que se ordenan también sacerdotes casados) y en el anglicanismo y el luteranismo (en estas, además, están bien retribuidos), y fácilmente se comprueba que en ninguno de los tres casos hay una correlación entre vocaciones y matrimonio. De hecho, la disminución de vocaciones de pastores luteranos y anglicanos es superior a la de sacerdotes católicos en esos mismos países.

Por el contrario, se ven aparecer de manera insistente y significativa vocaciones de sacerdotes solteros en iglesias que admiten la ordenación de casados. Es un dato poco conocido, pero que confirma una tendencia que avanza desde hace un siglo en el anglicanismo, las iglesias orientales, el luteranismo alemán y en algunos protestantes franceses.

¿No debería adaptarse más a los tiempos?

«Aunque la Iglesia haya procurado adaptarse a las diferentes culturas y lugares –me decía una persona en cierta ocasión–, creo que, en general, le ha faltado agilidad para ponerse al día.

»Me parece que la Iglesia ha estado habitualmente poco atenta a los cambios de los tiempos, y se ha esforzado poco por ser progresista y adelantarse a ofrecer lo que en cada momento la gente pide. Pienso que les vendría bien un poco de mentalidad empresarial, y quizá algunas nociones de marketing. Hoy día es imprescindible conocer bien los mercados y las leyes que los rigen.

»Creo –volvió a sentenciar– que esa es una de las razones por las que han perdido seguidores. Yo les recomendaría, como única salida para su supervivencia, que adapten sus posturas al mundo moderno».

Primero habría que decir que la Iglesia católica no ha parado de crecer en número de fieles a lo largo de estas últimas décadas. Pero, aunque no fuera así, no puede entenderse o tratarse la fe como una simple estrategia de supervivencia en los mercados comerciales. La Iglesia no es una empresa, ni un movimiento asociativo, ni un partido político, ni un sindicato.

Las verdades de fe o las exigencias de la moral no pueden tratarse como si lo de menos fuera la verdad y lo importante fuera ser eficaz, o ser moderno.

La Iglesia ha de adaptarse a los tiempos, es verdad, y necesita de una continua renovación. Pero ha de mantener su identidad, sin ceder en lo fundamental de su mensaje. Su objetivo no es alinearse donde más gente haya, ni estar de acuerdo con las tendencias más extendidas en cada época, ni satisfacer las demandas del marketing del momento. Para la Iglesia –como decía Thoureau–, *lo más importante no es lo nuevo, sino lo que jamás fue ni será viejo*.

Y en cuanto a lo del progresismo, conviene preguntarse primero hacia dónde se quiere progresar. Porque, de lo contrario, sería usar una palabra, quizá muy sugerente para algunos –cada vez para menos–, pero que así, sola, no dice nada concreto.

Siempre me ha parecido que el progreso es bueno, pues suele ser obra de los insatisfechos, de los que no se conforman, de los que buscan rutas arriesgadas en la vida. Pero me parece una simpleza recurrir a la vieja técnica de autodenominarse progresista para tachar a los demás de inmovilistas, y descalificar sin debate alguno a todo aquel que piense de manera distinta. Llamar retrógrados, integristas, tradicionalistas, o cosas parecidas, a todos aquellos que tengan opiniones contrarias a las propias es muestra, cuando menos, de un discurso intelectual bastante pobre.

De la misma manera, tampoco es serio llamar progresista a quien vive bajo el afán –quizá bajo el complejo– de bailar siempre al ritmo de la moda del momento. Quienes así funcionan, están marcados por el estigma de lo pasajero, de lo que pronto quedará superado por otros tiempos y otras modas. Son, en frase de José Eulogio López, soldados rasos de una masa, de un ejército sin mandos, en el que nadie sabe quién da las órdenes, pero que, sin embargo, se obedecen con prusiana disciplina.

Hoy, como ayer, la Iglesia ha de resistir a esas voces críticas y no sumarse a lo que aparentemente contentaría a más personas pero dificultaría el cumplimiento de su misión.

¿No debería ser más comprensiva?

—¿Pero no te parece que la Iglesia debería ser un poco más comprensiva con la debilidad de los hombres?

Un médico no es acusado de falta de comprensión cuando diagnostica un cáncer y dice que habría que operar. Sin embargo, parece que a los «médicos del espíritu» se les tacha de poco comprensivos o de faltos de compasión cuando diagnostican una falta o pecado y sugieren que habría que arrepentirse y cambiar.

Igual que el médico se compadece ante el enfermo de cáncer mostrándose inflexible contra el tumor, la Iglesia se compadece ante la debilidad humana del pecador mostrándose inflexible contra el pecado. Es un deber que a veces es duro de oír, e incluso de decir, pero un deber insoslayable.

La Iglesia recuerda, con la luz de Dios, que el hombre puede distinguir el bien y el mal. Nunca puede llamar bien al mal, a no ser al precio de una mentira que le destruye a sí mismo. Esto es una cuestión clave para la felicidad y la libertad. El bien es un camino que se abre hacia la felicidad. El mal es un abismo donde, de golpe, el hombre bascula como en la nada. Por eso los preceptos de la Iglesia no son prohibiciones arbitrarias, sino una salvaguarda de la libertad humana. La Iglesia apela a la razón para reconocer esta luz sobre el hombre y sobre su condición, y al recordar lo razonable, defiende hasta el fin la responsabilidad de la libertad. Escoger el bien digno del hombre no es llamar «bien» a lo que me gusta o me conviene. Es respetar la dignidad personal y común a todos.

Por eso hay muchos temas en los que la Iglesia está obligada a decir siempre lo mismo sobre lo mismo. Eso sí, con gracia nueva cada día. Pero sin dejarse arrastrar por las modas del momento. Por eso la Iglesia tiene una lógica interna aplastante cuando dice: a mí no me pidan que cambie la norma, adapte usted su comportamiento a la norma si quiere vivir realmente la fe católica.

Lo esencial de la fe –señala Manuel Hidalgo– es como lo esencial de la medicina. Mire, doctor, es que hoy día la gente bebe mucho..., ¿podría usted autorizarme una botella de whisky al día? Pues mire usted, el whisky acabará por destrozarle a usted el hígado. Además, si usted no bebe, los que le vean tendrán una razón menos para destrozarse su propio hígado. Es que a mí me gusta beber. Ah, pues entonces haga usted lo que quiera y no me pregunte. Es duro, ¿no? Quizá por eso hay tantos que pasan de los médicos. Y más cuando de lo que se trata es del sexo, que a muchos les gusta más que el whisky. Oiga, que el ejemplo no me vale, porque el sexo es de lo más natural. Sí, y los huevos de gallina también son naturales y dan colesterol... ¡Qué le vamos a hacer!

Esa honestidad de la Iglesia católica, que sostiene con ejemplar fortaleza sus principios morales pese a que no sean nada complacientes con la debilidad humana, es como la de los buenos médicos, que te dicen lo que te tienen que decir, te guste o no. Porque para ir de médico en médico hasta encontrar uno que te deje hacer lo que te dé la gana, para eso es mejor no ir al médico. Y si una iglesia –con minúscula– fuera complaciente y te diera siempre la razón, no sería la Iglesia.

PARA PENSAR PARA ACTUAR...

Para
recordar...

Hay que Hay que distinguir bien
entre la santidad de la Iglesia
y los errores
de las personas que la componen.

La Iglesia se dirige al hombre
en el más pleno respeto
de su libertad.
La Iglesia «propone»,
no «impone» nada.

Para
pensar...

No confundáis a Jesucristo
con los pobres hombres que le siguen de lejos.
No esperéis que su inconsecuencia
pueda serviros eternamente de excusa.
François Mauriac.

Es más fácil negar las cosas
que enterarse de ellas.
Mariano José de Larra.

> ¿Es una fe sincera
> la fe que no actúa?
>
> Jean Racine.

Para
ver...

- Yo confieso (Alfred Hitchcock).
- El cardenal (Otto Preminger).
- Becket (Peter Glenville).

Para
leer...

- Jean-Marie Lustiger, *La elección de Dios*, Planeta.
- Enrique Monasterio, *Pensar por libre*, Ed. Palabra.
- Mary Beth Bonacci, *Tus preguntas sobre amor y sexo*, Col. Edu.com, Ed. Palabra.

Para hablar...

Mantener una conversación entre los padres, o con otro matrimonio, sobre cómo explicar a los hijos los puntos sobre la naturaleza de la Iglesia en que cada uno pueda tener dudas.

Para actuar...

SITUACIÓN:
Pablo tiene 16 años y ha advertido que en las noticias de la televisión y de la prensa se ataca bastante a la Iglesia. Tiene la impresión de que se da mucha relevancia a cualquier actuación desafortunada de un eclesiástico, y casi nunca sale nada de todo lo bueno que hacen. También ve que se habla mucho de las voces discrepantes que hay en la Iglesia, y salen frecuentes declaraciones de esas personas asegurando que ese «sector crítico» es muy numeroso y son tratados injustamente. Lo comentó un día en el colegio con un amigo suyo: «Normal –le contestó–: también cuando sale uno del gobierno sacan después a otro de la oposición».

Sin darse mucha cuenta, el asunto despertó aún más su interés y empezó a fijarse en todas las noticias relativas a la Iglesia. Se hablaba mucho de conservadores y progresistas, de presiones de unos y de otros. Todo eso le decepcionaba. En esos días, la prensa dedicó bastante espacio a un profesor de una facultad eclesiástica de teología que había sido «desposeído de su cátedra porque sus enseñanzas eran contrarias a la *línea oficial* de la Iglesia». El expulsado decía que era un atropello y que conculcaba «no solo el derecho a la libertad de cátedra, sino también el derecho a la libertad de expresión, elemental en cualquier sociedad que no sea una dictadura». Y añadió que además pretendían amordazarle con amenazas de suspensión. A Pablo todo esto le produjo una pequeña conmoción. Pensaba que quizá la doctrina católica que él había aprendido no era tan segura, sino que dependía de quién tuviera las riendas en la Iglesia en cada momento. Estaba ensimismado en esto mientras leía la noticia. Su padre se dio cuenta, y le preguntó qué leía tan absorto. Pablo se lo explicó.

OBJETIVO:
Ayudarle a tener una idea más clara y completa sobre la naturaleza de la Iglesia católica.

MEDIOS:
Explicar bien los conceptos de autoridad, dogma y libertad en la Iglesia.

MOTIVACIÓN:
Los padres de Pablo comentaron el asunto. Pensaban que no bastaba con la breve conversación que habían tenido su padre y él. Era preciso propiciar otras nuevas, en las que de modo distendido salieran a la luz todas esas dudas.

HISTORIA:
«Pablo –le dijo su padre–, esta noche entrevistan en televisión al teólogo sancionado. ¿Quieres que lo veamos juntos?». A Pablo le gustó la idea. Su padre estaba siempre muy ocupado, y eso de que le prestara atención y le tratara como a alguien ya mayor, le gustaba. El programa fue muy interesante. Al acabar, siguieron los dos hablando casi una hora. Al principio, Pablo preguntaba con cierta prevención, pero después lo hacía ya con una confianza total. Se veía que tenía muy dentro todas esas dudas e inquietudes.
Al final, Pablo estaba muy satisfecho: «Oye, se aprende bastante así...». «Sí –contestó su padre–, y creo que no solo tú». «¿Tú también...? ¿Y qué has aprendido?». «Pues, de

entrada, que esto hay que repetirlo», contestó, dejando así abierta la cuestión para otro momento.

RESULTADO:
En esa conversación y en otras siguientes salieron los principales temas. Lo primero, que no se puede entender la Iglesia si se pierde de vista su carácter sobrenatural. Pretender introducir la democracia en la Iglesia, acabaría –por la misma dinámica de la democracia–, sometiendo a votación lo que Jesucristo instauró, y eso sería una contradicción. Luego hablaron de que la fe pide una adhesión a Dios, y por tanto una adhesión a lo que Dios ha enseñado y establecido, y a quienes actúan como legítimos representantes suyos. Hay una especial asistencia del Espíritu Santo, y quien habla en nombre de la Iglesia –en lo que pertenece al depósito de la fe, de conformidad con su cabeza y con su tradición–, se puede decir que habla en nombre de Dios. Y si se examina lo que Cristo dispuso, se debe concluir que los maestros de la fe son en primer lugar los obispos unidos al Papa. Aquel teólogo se quejaba de que no se respetaba su opinión, cuando lo que estaba haciendo no era opinar, sino enseñar en una cátedra de teología de la Iglesia católica. No tiene derecho a

quejarse de que los responsables de esa enseñanza declaren que lo que ese hombre enseña no se ajusta a lo que enseñó Jesucristo y la Iglesia tiene el deber de conservar.

Y en cuanto a las «amenazas de suspensión» a las que se refería el mencionado teólogo, son sanciones de orden espiritual. El Derecho Penal de la Iglesia habla de «suspensiones» (de ejercer como clérigo) o de «excomuniones» (se aparta del culto y los sacramentos), no de penas de cárcel. En toda sociedad debe existir una autoridad, pues de lo contrario se disgregaría, sería una sociedad anárquica. Jesucristo quiso que los designados para transmitir su enseñanza y su gracia también tuvieran autoridad y pudieran gobernar la Iglesia. Por eso fundó una Iglesia con una jerarquía, y una autoridad suprema, que es el sucesor de Pedro: el Papa. La jerarquía no está para sancionar, sino sobre todo para guiar, pero no podría cumplir bien su cometido si no tuviera ese poder sancionador.

GUÍA DE TRABAJO INDIVIDUAL Nº 58

INTERROGANTES EN TORNO A LA FE

Guía de trabajo individual

Nº 58

INTERROGANTES EN TORNO A LA FE

Las cuestiones o interrogantes en torno a la fe que pueden presentarse en la vida diaria de cualquier persona suelen ser de naturaleza muy variada. Es preciso reflexionar con hondura, documentarse bien, buscar un intercambio de razones y de respuestas con otras personas, etc., que sirva para enriquecerse con nuevos datos y aportaciones. De esta manera, cada vez comprenderemos mejor nuestra fe y podremos revisar el propio modo de vivirla, o de educar en ella.

Una primera sugerencia es releer cada capítulo con la idea previa de explicarlo luego de modo resumido a otra persona: cuando se lee pensando en comentarlo después, se desarrolla más la motivación, la comprensión se hace más profunda y se recuerda mejor lo que se lee. Es recomendable ir haciendo un esquema y anotar los puntos de especial acuerdo o desacuerdo personal con el texto (el autor agradecerá mucho recibir cualquier observación, dirigiéndose a la editorial o a la dirección: **aaguilo@edicionespalabra.es**).

Se propone, como guía para desarrollar un trabajo individual a partir de este libro, plantear una serie de conversaciones en el seno de la familia, o de un grupo de amigos o conocidos, sobre algunos de los puntos que consideren de más interés entre los tratados a lo largo del libro, como por ejemplo:

- Argumentos más convincentes sobre la existencia de Dios.
- Compatibilidad entre la fe católica y la evolución de las especies.
- Cómo conjugar la libertad del hombre y la aceptación de su dependencia de Dios.
- Puntos débiles del mito del eterno progreso científico y de las posturas racionalistas, escépticas y materialistas.
- Compatibilidad entre ciencia y fe.
- Existencia del mal en el mundo. ¿Por qué Dios lo permite? Sentido cristiano del dolor.
- El enigma de la muerte, en las personas sin fe y en las creyentes.
- ¿Puede uno salvarse con cualquier religión?
- Autenticidad, veracidad e integridad de las Sagradas Escrituras.
- Fuentes y garantías históricas en torno a la existencia de Jesucristo.

- Razones que respondan a las objeciones más habituales a la Iglesia católica.

De esta manera, mediante preguntas que faciliten una comprensión más profunda de lo que supone la fe en la vida del hombre y de la sociedad, esas ideas se irán contrastando hasta llegar a una síntesis personal de las razones que cada uno encuentre más concluyentes. Para ayudar a fijar y madurar las ideas, se propone poner por escrito la línea argumental básica de cada respuesta. Para desarrollar esta guía de trabajo individual, deben elegirse al menos cuatro de esos temas.

ÍNDICE

SUSCRÍBETE A LA REVISTA MENSUAL DE LA COLECCIÓN HACER FAMILIA Y TE REGALAREMOS EL LIBRO QUE TÚ ELIJAS

Secciones de la revista

El Arte de Educar por edades
Matrimonio al día
Reportajes y entrevistas
Estimulación temprana
Aficiones y hobbies juveniles
El carácter
Tiempo libre: libros, vídeos, cine y programas de ordenador
Club de Goncio para los más pequeños

(Boletín de suscripción, en la página siguiente.)

HACER familia

BOLETÍN DE SUSCRIPCIÓN

NOMBRE Y APELLIDOS: ....

DIRECCIÓN: ....

POBLACIÓN: ....

C.P.: .... PROVINCIA: ....

TEL.: .... E-MAIL: ....

N.I.F.: ....

Nº de Hijos: .... Año nacim. del mayor: ....

FORMA DE PAGO

❑ DOMICILIACIÓN BANCARIA

Nombre y apellidos del titular: ....

Banco: ....

Domicilio: .... C.P.: ....

Población: .... Provincia: ....

Les ruego que, con cargo a mi cuenta, atiendan los recibos que les presente EPALSA

Código Cuenta [ ][ ][ ][ ] [ ][ ][ ][ ] [ ][ ] [ ][ ][ ][ ][ ][ ][ ][ ][ ][ ]

Banco — Sucursal — D.C. — Nº Cuenta

❑ VISA / Master Card   Fecha de caducidad ..../........

Nº [ ][ ][ ][ ] [ ][ ][ ][ ] [ ][ ][ ][ ] [ ][ ][ ][ ]

Firma del titular:

❑ Transferencia a nombre de Ediciones Palabra
c/c Nº ES82 0049 4693 9825 1002 4778 del Banco Santander

❑ Talón adjunto nº..

PERSONA QUE ABONA LA SUSCRIPCIÓN (Solo en caso de que no coincida con el suscriptor).

Nombre y apellidos: ....

Dirección: ....

Población: ....

Provincia: .... C.P.: ....

Tel.: .... NIF: ....

	12 Números	24 Números
España	34,50 €	65,90 €
Extranjero (Superficie)	46,00 €	89,00 €
Europa (Aéreo)	49,25 €	95,50 €
Resto del Mundo (Aéreo)	58,60 €	114,20 €

PRECIOS VÁLIDOS HASTA SEPTIEMBRE DEL 2006

Ediciones Palabra, S.A.
Pº de la Castellana, 210 - 28046 Madrid
Tel.: 91 350 83 11 - Fax: 91 359 02 30
suscripciones@edicionespalabra.es

DESEO RECIBIR GRATUITAMENTE
EL LIBRO DE LA COLECCIÓN HACER FAMILIA Nº.....
DE LA SIGUIENTE LISTA

Recortar y enviar a EDICIONES PALABRA, S.A.- Castellana, 210 - 28046 Madrid - Tfno.: 91 350 83 11

HACER FAMILIA

educar en valores

■ CÓMO EDUCAR

1. EDUCAR HOY
Fernando Corominas
17ª edición

4. EXIGIR PARA EDUCAR
Eusebio Ferrer
11ª edición

6. FAMILIAS CONTRACORRIENTE
David Isaacs y Mª Luisa Abril Martorell
7ª edición

9. LOS ESTUDIOS Y LA FAMILIA
Gerardo Castillo Ceballos
5ª edición

11. DIOS Y LA FAMILIA
Jesús Urteaga
5ª edición

13. CÓMO PREVENIR EL CONSUMO DE DROGAS
Aquilino Polaino y Javier de las Heras
7ª edición

14. PARA EDUCAR MEJOR
María Teresa Aldrete de Ramos
5ª edición

16. PREPARAR A LOS HIJOS PARA LA VIDA
Gerardo Castillo
6ª edición

17. LOS ESTUDIOS Y EL DESARROLLO INTELECTUAL
Carlos Ros
4ª edición

18. LOS NOVIOS. EL ARTE DE CONOCER AL OTRO
Ramón Montalat
5ª edición

20. CÓMO EDUCAR A TUS HIJOS
Fernando Corominas
7ª edición

■ EDUCAR POR EDADES

22. TUS HIJOS DE 1 A 3 AÑOS
Blanca Jordán de Urríes
8ª edición

23. TUS HIJOS DE 4 A 5 AÑOS
Manoli Manso y Blanca Jordán de Urríes
7ª edición

24. TU HIJA DE 6 A 7 AÑOS
María Teresa Galiana y Amparo González
4ª edición

25. TU HIJO DE 6 A 7 AÑOS
Blanca Jordán de Urríes
3ª edición

26. TU HIJA DE 8 A 9 AÑOS
Isabel Torres
6ª edición

27. TU HIJO DE 8 A 9 AÑOS
José Antonio Alcázar y Mª Ángeles Losantos
5ª edición

28. TU HIJA DE 10 A 11 AÑOS
Trinidad Carrascosa y Marta Bodes
6ª edición

29. TU HIJO DE 10 A 12 AÑOS
Alfonso Aguiló
8ª edición

30. TU HIJA DE 12 AÑOS
Candi del Cueto y Piedad García
8ª edición

31. TU HIJA DE 13 A 14 AÑOS
Piedad García y Candi del Cueto
5ª edición

32. TU HIJO DE 13 A 14 AÑOS
Vidal Sánchez Vargas
6ª edición

33. TU HIJA DE 15 A 16 AÑOS
Pilar Martín Lobo
6ª edición

34. TU HIJO DE 15 A 16 AÑOS
Santiago Herraiz
3ª edición

35. TUS HIJOS ADOLESCENTES
Gerardo Castillo
9ª edición

36. NOVIAZGO PARA UN TIEMPO NUEVO
Antonio Vázquez Vega
4ª edición

37. LOS NOVIOS. LOS MISTERIOS DE LA AFECTIVIDAD
Ramón Montalat
5ª edición

38. MATRIMONIO PARA UN TIEMPO NUEVO
Antonio Vázquez
15ª edición

39. LOS ABUELOS JÓVENES
Oliveros F. Otero y José Altarejos
5ª edición

83. EL MATRIMONIO Y LOS DÍAS
Antonio Vázquez

85. PRIMERA ETAPA
DEL MATRIMONIO
Antonio Vázquez Vega

■ EDUCACIÓN TEMPRANA

41. EL DESARROLLO TOTAL
DEL NIÑO
Juan Valls Juliá
6ª edición
42. LA EDUCACIÓN TEMPRANA
DE 0 A 3 AÑOS
Ana Sánchez
3ª edición
43. LA EDUCACIÓN TEMPRANA
DE 3 A 7 AÑOS
Merche Bravo y Luis Pons
7ª edición
44. EXPERIENCIAS DE UNA MADRE
Ana Sánchez
6ª edición
45. CÓMO ENSEÑAR LA VIDA AL
NIÑO A TRAVÉS DE LOS
CUENTOS
Blanca Jordán de Urríes
2ª edición
46. DESARROLLAR LA INTELIGENCIA
A TRAVÉS DEL AJEDREZ
José María Olías
2ª edición
47. ¿ES MI HIJO SUPERDOTADO
O INTELIGENTE?
Agustín Regadera López
87. COMO EDUCAR A TUS HIJOS
CON LA MÚSICA
María Pilar Carrasco

■ EDUCAR EN VALORES

48. LOS BUENOS MODALES
DE TUS HIJOS MAYORES
José Fernando Calderero
2ª edición
49. LOS BUENOS MODALES
DE TUS HIJOS PEQUEÑOS
José Fernando Calderero
7ª edición
50. CÓMO EDUCAR LA VOLUNTAD
Fernando Corominas
11ª edición
52. SITUACIONES COTIDIANAS
DE 0 A 6 AÑOS
Teresa Artola
6ª edición
53. SITUACIONES COTIDIANAS
DE 6 A 12 AÑOS
Teresa Artola
4ª edición
54. SITUACIONES COTIDIANAS
DE TUS HIJOS JÓVENES
Santiago Herraiz
2ª edición
55. SITUACIONES COTIDIANAS
DE TUS HIJOS ADOLESCENTES
Teresa Artola
4ª edición
58. INTERROGANTES EN
TORNO A LA FE
Alfonso Aguiló
5ª edición
59. 25 CUESTIONES ACTUALES EN
TORNO A LA FE
Alfonso Aguiló
2ª edición
60. EDUCAR EN POSITIVO
Fernando Corominas
5ª edición
63. EDUCAR LOS SENTIMIENTOS
Alfonso Aguiló
5ª edición
65. EDUCAR EL CARÁCTER
Alfonso Aguiló
8ª edición
66. CARÁCTER Y VALÍA PERSONAL
Alfonso Aguiló
3ª edición
68. LA TOLERANCIA
Alfonso Aguiló
4ª edición
69. ENSEÑAR A PENSAR
Antonio Jiménez Guerrero
5ª edición
70. VIRTUDES HUMANAS
*José A. Alcázar y Fernando
Corominas*
4ª edición
81. EDUCAR LA CONCIENCIA
José Luis Aberásturi
3ª edición
82. EL ARTE DE ENSEÑAR A AMAR
Juan José Javaloyes
4ª edición
84. CÓMO HACER HIJOS
LECTORES
Carmen Lomas Pastor
86. ACERCAR LOS HIJOS A DIOS
Ernesto Juliá
2ª edición
88. JUGAR: LA FORMA MÁS
DIVERTIDA DE EDUCAR
María Isabel Jiménez Domecq
90. CÓMO VIVIR LA LITURGIA
EN FAMILIA
Fernando Corominas
91. PADRES, ADOLESCENTES
Y DIOS
Ernesto Juliá

■ MEDIOS EDUCATIVOS

71. PROBLEMAS DE LOS ADOLESCENTES
Antonio Crespillo-Enguix
2ª edicíon
72. LA COMUNICACIÓN EN LA FAMILIA
Gloria Elena Franco
5ª edicíon
73. HIJOS, TUTORES Y PADRES
José M. Cervera y José A. Alcázar
4ª edicíon
80. 100 PLANES DE ACCIÓN
Fernando Corominas
2ª edicíon

■ TÍTULOS DE ESTA COLECCIÓN PUBLICADOS EN INGLÉS

BRINGING UP CHILDREN TODAY
Fernando Corominas

TRAINING THE WILL
Fernando Corominas

YOUR CHILDREN FROM THE AGES 3 TO 6
Manoli Manso and Blanca Jordán de Urríes

MAKING DEMANDS IN BRINGING UP CHILDREN
Eusebio Ferrer

LITTLE PROBLEMS FROM 0 TO 6
Teresa Artola

LITTLE PROBLEMS FROM 6 TO 12
Teresa Artola

POSITIVE EDUCATION
Fernando Corominas

HUMAN VIRTUES
Fernando Corominas and José A. Alcázar

Guías para educar

Pequeños manuales prácticos
para saber más y educar mejor

CÓMO SE EDUCA UNA AUTOESTIMA FAMILIAR SANA
Cynthia Hertfelder

CÓMO DIGO QUE NO A MI HIJO ADOLESCENTE
Blanca Jordán de Urríes

CÓMO USAR LAS NUEVAS TECNOLOGÍAS EN LA FAMILIA
Marianeta Jáudenes

CÓMO SER OPTIMISTA ANTE LA VIDA
Blanca Jordán de Urríes

CÓMO DESARROLLAR LA CREATIVIDAD EN LOS NIÑOS
Teresa Artola González

CÓMO SUPERAMOS EL DOLOR
María Robledo Gandarias

EDICIONES PALABRA, S.A. - Castellana, 210 - 28046 Madrid
Telfs.: 91 350 77 20 - 91 350 77 39 - Fax: 91 359 02 30
www.edicionespalabra.es - epalsa@edicionespalabra.es